Klaus-Peter Wolf

Die Angst der Täter

BENZIGER
EDITION

CIP-Titelaufnahme der Deutschen Bibliothek

Wolf, Klaus-Peter:
Die Angst der Täter / Klaus-Peter Wolf.
– 2. Aufl. – Würzburg
ISBN 3-401-07020-7
Benziger Ed. im Arena Verl., 1989

2. Auflage 1989

Schutzumschlag von Bernhard Hartlieb
Lektorat: Bärbel Riswick
Gesamtherstellung: Benziger AG, Einsiedeln
ISBN 3-401-07020-7

1

Ungeduldig trommelte der Innenminister einen nervösen Rhythmus auf das Brillenetui. »Es kann doch nicht so schwer sein, ein Kind mit einem geklauten Lkw zu schnappen! Straßensperren. Hubschrauber. Setzen Sie meinetwegen Militär ein!«
»Mein lieber Herr Minister, der Wagen wurde vor mehr als fünfzig Stunden gestohlen. Er kann sich gerade auf Lissabon zubewegen, in Stockholm im Parkhaus stehen oder in Dublin von der IRA entladen werden.«
Der Innenminister schnaufte. »Aber . . . wie will denn der über die Grenze kommen? Ohne Papiere . . .«
Einsatzleiter Riegel lockerte seine Krawatte und reckte das Kinn vor. »Wieso ohne Papiere? Die Papiere sind völlig in Ordnung und liegen im Handschuhfach. Wenn der Dieb einen gültigen Reisepaß und einen Führerschein besitzt . . . können wir ihn überall suchen. In Neapel, Athen, Paris, Istanbul, genausogut wie in einer Bonner Tiefgarage.«
»Aber meine Herren«, wiegelte der Minister ab, »der Junge hat keinen Führerschein. Er ist erst siebzehn. An der Grenze würde er sofort auffallen.«
»Und wer sagt Ihnen, daß er alleine arbeitet? Das ist kein Einzeltäter! Wir haben es mit einer ganzen Gruppe zu tun. Dritte Terroristengeneration. Sind schon Forderungen bekannt?«
»Nein.«

»Wenn Sie meine Meinung hören wollen, Herr Minister, diesmal müssen wir klein beigeben. Die Typen werden alles bekommen, was sie wollen. Diesmal sind die am Drükker, und wir können nur hoffen, daß die mit sich reden lassen. Machen Sie sich keine Illusionen. Die haben uns völlig in der Hand.«

»Ist denn dieser Rundfunkheini endlich da?«

Mit breitem Lächeln trat Martin Wildmüller vor und hielt dem Innenminister freundschaftlich-burschikos die Hand zum Gruß hin. »Stets zu Diensten, Herr Innenminister. Martin Wildmüller von der *Wogenden Welle*. Immer aktuell. Immer hautnah dran. News und Popmusik! Das ist unser Motto.«

Peinliches Schweigen. Der eisige Blick des Ministers traf den Einsatzleiter. Noch ein kleiner Fehler, ein Wort zuviel oder zuwenig konnte den endgültigen Knick in seiner Karriere besiegeln.

Eine für Martin Wildmüller endlose Sekunde lang konnte der Innenminister sich nicht entschließen, die angebotene Hand von Martin Wildmüller zu schütteln. Martin traute sich nicht, seine Hand zurückzuziehen. Als der Minister endlich zupackte, wollte Martin den Händedruck plötzlich nicht mehr. Er empfand seinen eigenen Handschweiß als unzumutbar und ärgerte sich darüber, daß er die Hand nicht vorher unauffällig am Hosenbein abgeputzt hatte. Bis vor wenigen Minuten hatte er sich für einen ungeheuer coolen Typen gehalten. Er war von Beruf so eine Art von neumodischem Märchenprinz. Alles, was andere über ihn verbreiteten, war diktiert von Neid und Mißgunst und erreichte ihn überhaupt nicht. Die Einschaltquoten seiner Sendung gaben ihm eine gewisse Unantastbarkeit.

Der Griff des Ministers war keineswegs hart und energisch, wie er erwartet hatte, sondern eher weich, ja zittrig. »Sie glauben also, daß Sie uns helfen können?« Es war mehr eine Feststellung als eine Frage. Der Innenminister fixierte Martin Wildmüller.

Martin wußte, daß er nur wenig Zeit hatte, um sich zu erklären. Zeit für Grundsatzreferate gab es hier nicht. Martin legte los. Er versuchte, seine Sätze mit Gesten zu unterstreichen, heischte mit Blicken um Aufmerksamkeit und setzte all sein Moderatorenkönnen ein. Dabei wurde er das bohrende Gefühl nicht los, einen ungeheuren Schwachsinn zusammenzureden. Aber er wußte nicht, wie er aus der verfahrenen Situation herauskommen sollte. Er fand den klärenden Satz nicht.

Der Minister sah es, erkannte seine Not und ließ ihn zappeln. Ohne jede weitere Erklärung wußte Martin Wildmüller, daß der Innenminister ihn haßte. Nicht ihn als Person, sondern ihn als Repräsentanten der Medien. Journalisten waren unberechenbare Faktoren. Der Minister war ein Technokrat, der sich bemühte, mit diesem gewaltigen Medienapparat umzugehen, doch immer wieder scheiterte er am einzelnen Menschen. Die Journalisten ließen sich nicht so funktionalisieren, wie er es wollte.

Wenn es mir nicht gelingt, ihn in den nächsten Sekunden davon zu überzeugen, daß er mich dringender braucht als zehn Hundertschaften Bereitschaftspolizisten, schmeißt er mich raus, dachte Martin Wildmüller.

2

Mit dem Radioprogramm stimmt was nicht, dachte Bennie. Seit Stunden spielen sie meine Lieblingshits. Wie ein persönliches Wunschkonzert nur für mich.
Bei dem Gedanken daran, wieviele Postkarten er schon an den Sender geschickt hatte, grinste er säuerlich. Mindestens fünfzigmal hatte er versucht, Martina mit ihrer Lieblingsplatte grüßen zu lassen. Nie war er zum Zug gekommen. Richtig wütend hatte ihn das gemacht. In seitenlangen Briefen, die immer ohne Antwort geblieben waren, hatte er ihnen eine gemeine Einseitigkeit vorgeworfen. Und nun plötzlich spielten sie seine Wunschstücke hintereinander, ganz so, als wollten sie an einem Abend alles wieder gutmachen.
Sie nannten seinen Namen nicht, doch er wußte genau, daß es endlich einen in der Redaktion gab, der seine Briefe gelesen hatte.
Er rieb sich die Augen und gähnte. Seit Stunden fraß der Kühler den Mittelstreifen. Er bemühte sich, den Wagen stets so zu halten, daß die Mittelstreifen unterm Kühler verschwanden, statt an ihm vorbeizuhuschen. Dieses Spiel erinnerte ihn daran, wie er sich jeden Morgen krampfhaft bemüht hatte, den Weg zur Schule zu schaffen, ohne in eins der geraden Kästchen des Straßenpflasters zu treten. Manchmal hatte er es geschafft, nur auf den schrägen, karoförmig angeordneten Kästchen zur Schule zu kommen, ohne einen Rand zu überschreiten. Er hatte sich eingebildet, wenn ihm das gelänge, könnte auch die Deutscharbeit nicht schiefgehen.
Vor jedem Schultag hatte er sich eine andere Aufgabe gestellt, von der niemand etwas wußte und von deren erfolgreicher Bewältigung er sich positive Auswirkungen

versprach. Einmal, als er in Mathe nichts kapiert hatte, versuchte er, von der Kirche bis zur Schule zu kommen, ohne einzuatmen. Er dachte, wenn ich das hinkriege, komme ich nicht dran. Vor dem Schultor wurde er fast ohnmächtig, aber der Mathelehrer übersah ihn tatsächlich. Seine Blitze schlugen kurz neben Bennie ein, trafen Siggi, das arme Schwein.
Bennie war sicher, noch einmal davongekommen zu sein, weil es ihm gelungen war, auf einer so langen Strecke die Luft anzuhalten. Und jetzt dachte er, wenn ich die Mittelstreifen immer unter der Stoßstange verschwinden lasse, so daß sie nie im Seitenfenster auftauchen, kriegen sie mich nicht. Bis jetzt hatte er damit recht behalten. Aber langsam wurde er für dieses Spiel zu müde.
Er konnte den Wagen nicht einfach auf der ländlichen Bundesstraße parken. Er bog in einen Waldweg ab, ließ den Lkw noch knapp hundert Meter über einen Forstweg hoppeln und schaltete dann den Motor aus. Das Licht brauchte er jetzt nicht mehr. Zwar war ihm nach dem Verschwinden der Scheinwerferkegel zwischen den Bäumen ein wenig unheimlich zumute, doch er wollte die Batterie schonen. Nur das Radio ließ er an.
Er drückte die Türverriegelung, streckte die müden Beine aus und bog sein Rückgrat durch. Er knüllte das Papier der Keksrolle zusammen. Nichts mehr da.
Jetzt spielten sie tatsächlich IT'S ALL OVER NOW, BABY BLUE. Er schüttelte den Kopf. Das konnte doch nicht wahr sein! Er kannte die Musik aus dem Rockerfilm von Verhoeven. Die Schallplatte besaß er nicht. Immer wieder hatte er die *Wogende Welle* darum gebeten, diese Scheibe für ihn zu spielen.
Er kroch in die Schlafkoje und wühlte sich unter die zwei großgemusterten Wolldecken. Sie rochen nach Schweiß-

füßen und Bier. An den Gestank kalter Asche in der Fahrerkabine hatte er sich schon fast gewöhnt. Doch der beißende Geruch dieser Decken war zuviel für ihn. Er beschloß, noch einmal auszusteigen, einen kleinen Spaziergang durch den Wald zu machen und derweil die Decken draußen zu lüften.

Gerade als er die Türverriegelung löste, kam eine von Martin Wildmüllers Einlagen. Bennie liebte die fetzigen Sprüche zwischen den einzelnen Platten und hielt inne.

> »Jawohl, hier ist er wieder euer Martin Wildmüller von der *Wogenden Welle* – immer aktuell, immer hautnah dran. News und Popmusik!
> Und heute spielen wir nur für dich, Bennie. – Wo immer du bist, Junge, hör mir zu! Dein nächster Plattenwunsch war Ruben Blades und Salza – jawohl, hier sind sie schon für dich, nur für dich, Bennie – die Klänge aus der Karibik!«

Bennie bekam nicht einmal den ersten Takt mit. Martin Wildmüllers Worte waren ihm in die Adern geschossen. Er sackte in sich zusammen, neben jedem Ohr startete plötzlich ein Düsenflugzeug und ließ keinen anderen Laut mehr an sein Trommelfell. Sein Körper wurde schwer und unsäglich taub. Er war abgeschnitten von jeder Wahrnehmung, hörte nur noch sein eigenes Herz pochen und sein Blut rauschen, als die Maschinen neben seinen Ohren endlich abhoben.

Sein Traum war kurz, vielleicht nur den Bruchteil einer Sekunde lang, doch trieb er ein dichtes Netz von Schweißperlen auf Bennies Stirn: Er saß nicht hinterm Lenkrad. Er stand. Er war zu klein, um diesen großen Wagen zu steuern. Mit beiden Händen zerrte er am

Lenkrad, um die Schnauze des Wagens so zu halten, daß sie weiterhin die Mittelstreifen der Fahrbahn fraß. Aber die weißen, durchbrochenen, kurzen Streifen wollten sich nicht länger schlucken lassen. Schon erschienen sie bei ihm in Schulterhöhe im Seitenfenster. Er mußte sie wieder unter den Kühler kriegen, oder er war erledigt. Mit der Kraftanstrengung seines ganzen Körpers versuchte er, das Lenkrad ruckartig herumzureißen. Doch es gab unter seinen Händen nach wie eine zähe, schleimige Masse.

Er wischte sich den kalten Schweiß mit der stinkigen Decke aus dem Gesicht und ließ sie dann angewidert fallen. Der Hunger, dachte er, es muß der Hunger sein. Ich krieg schon Halluzinationen. Mit einer blitzschnellen Bewegung schaltete er das Radio aus. Erst als mit der Musik die Leuchtziffern erloschen, fühlte er sich, als sei er endlich aus einem schlimmen Alptraum erwacht.

Wann hatte er zum letzten Mal etwas Warmes gegessen? Gestern? Oder vorgestern? Pommes frites, in ranzigem Fett fast kroß gesotten, mit alter Mayonnaise und dazu eine Bratwurst mit kaltem Ketchup. Er hatte alles heruntergeschlungen und war dann ohne zu bezahlen abgehauen. Rein in den Lkw und aufs Gaspedal gedrückt. Er war sich sicher, daß der Pommesverkäufer nicht für eine Portion Pommes mit Bratwurst seine Imbißstube im Stich lassen würde, um hinter ihm herzujagen. Wahrscheinlich hatte er nicht mal seine Bude verlassen, um sich die Autonummer zu notieren, denn es goß in Strömen. Aber jetzt brauchte Bennie wieder etwas Warmes.

Ich werde den Wagen hierlassen und zu Fuß ins Dorf gehen, dachte er. Schließlich sucht man den Wagen, aber mich garantiert nicht. Über die Bezahlung machte er sich jetzt noch keine Gedanken. Einen Weg abzuhauen gab es immer.

Sorgfältig schloß er den Wagen ab und ging in der Spur seines Lkws zurück bis zum Hauptweg. In ein paar hundert Metern Entfernung konnte er schon die Lichter eines Dorfes sehen, und wenn ihn nicht alles täuschte, blinkte dort eine Reklametafel für Hachenburger Pils.
Durst und Hunger ließen ihn plötzlich rennen. Er kam sich vor wie eine Figur in einem Abenteuerfilm, die sich in die Wüste verirrt hatte und nun auf eine Kneipe zulief, ohne zu wissen, ob es sich um eine Fata Morgana handelte oder um ein reales Gebäude.
Halt, dachte er, halt, wenn du da reinstolperst wie ein Verdurstender, schöpfen alle gleich Verdacht. Du fällst sowieso sofort auf in diesem Dorf, wo garantiert jeder jeden kennt, und du kommst als Fremder hierher, ohne ein Auto vor der Tür zu parken. Verhalte dich so unauffällig wie möglich. Schnell etwas essen, etwas trinken und dann weg.
Die Wirtschaft war rustikal eingerichtet. Eichenmöbel, die einen massiven Eindruck machen sollten, aber natürlich nicht massiv waren. Auf der Theke einige Wimpel des örtlichen Fußballvereins, auf dem runden Stammtisch ein halbierter Fußball als Aschenbecher.
Der dicke Mann hinter der Theke flößte Bennie Unbehagen ein. Noch bevor Bennie bestellen konnte, stand ein Bier vor ihm. Er hatte das Gefühl, eine Erklärung für seine Anwesenheit geben zu müssen, doch niemand fragte ihn etwas.
»Kann ich hier essen?« fragte Bennie mit Kratzen in der Stimme.
Der Wirt nickte stumm und wies ihm einen Platz neben der Tür zu. Kaum saß Bennie, da brachte ein rothaariges Mädchen in viel zu engen Jeans die Speisekarte. Zuerst betrachtete Bennie fasziniert ihre dünnen Finger mit den

erschreckend langen Fingernägeln. Dann erst sah er ihr ins Gesicht. Ihre dunklen Augen lagen tief. Schwarze Schattierungen verstärkten diesen Eindruck. Sie wirkte traurig auf Bennie. Die Augen paßten nicht zu dem zottelig geschnittenen Rattenkopf. Sie sah ihn nicht an, sondern blickte auf die Speisekarte, als würde sie die nur ungern aus der Hand geben. Ihr selbstgestrickter, pinkfarbener Pullover mit schwarzen Punkten wirkte schreiend lebensfroh. Ganz anders als ihre Augen.
Bennie versuchte, die Speisekarte zu lesen. Er nahm die Buchstaben wahr, ordnete sie zu Worten zusammen, doch sein Bewußtsein nahm das Angebot nicht auf.
»Was können Sie empfehlen?«
»Wir haben frischen Salat und Hähnchen aus eigener Schlachtung.«
»Salat und Hähnchen. Das ist gut. Dauert es lange?«
»Vielleicht zwanzig Minuten.«
»Gibt's was, das schneller geht?«
»Kalte Frikadellen.«
»Auch was Warmes?«
»Warme Frikadellen und Koteletts. Das geht in ein paar Minuten.«
Sie setzte zu einer längeren Erklärung an, die Bennie nicht hören wollte, statt dessen beobachtete er das Spiel ihrer Finger, die lackierten Nägel erschienen ihm zunehmend wie Waffen.
»Für die Hähnchen benutzen wir keinen Mikrowellenherd, weil unsere Kunden die uns sonst nicht abnehmen. Die lieben diese wabbelige Haut nicht, sondern wollen ein Hähnchen knusprig. Dafür nehmen sie gerne die Wartezeit in Kauf . . .«
»Ja klar, find ich auch richtig«, unterbrach Bennie sie, »aber ich hab einen irren Kohlda . . . ich meine, ich hab

solchen Hunger, da wäre es mir recht, wenn es schnell ginge.«
»Also – Frikadellen und Salat?«
»Hm. Und noch ein Pils.«
Sie nahm ihm die Speisekarte ab, machte einen Knicks und verschwand hinter der Tür zur Küche.
Träum ich, dachte Bennie, oder hat die wirklich gerade einen Knicks gemacht?
Wie immer verglich er alle Frauen mit Martina. Die war so selbstbewußt, daß sie schon schnippisch wirkte. Wenn Martina einen Knicks gemacht hätte, dann höchstens, um jemanden zu verhöhnen.
Der Rattenkopf kam aus der Küche zurück und servierte an einem anderen Tisch ein Filetsteak mit Salat. Augenblicklich ärgerte Bennie sich. Er mußte sowieso die Zeche prellen. Wenn er schon nicht plante zu bezahlen, kam es auch nicht auf den Preis an. Warum hatte er sich nicht auch so ein saftiges Steak bestellt? Es hätte nur unwesentlich länger gedauert. Vielleicht, dachte er, will ich den Schaden, den ich anrichte, so gering wie möglich halten? Vielleicht ist es weniger schlimm, eine offene Rechnung von sieben, acht Mark zu hinterlassen als eine von dreißig?
Obwohl er es nicht wollte, starrte er die Kellnerin an. Sie wünschte am Nachbartisch einen guten Appetit und machte unter den kritischen Blicken des Wirts schon wieder einen Knicks.
Das haben sie ihr andressiert, dachte Bennie plötzlich, das macht sie nicht freiwillig. Vielleicht schlägt der Alte sie sonst, gibt ihr nichts zu essen oder sperrt sie nachts in einen Käfig.
Während er auf sein Essen wartete, träumte er, er würde das hübsche, geknechtete Mädchen befreien. Bennie, der

Held. Das war Kino und mit Martina nicht drin. Im Gegenteil. Sie war in allen Punkten besser als er, aktiver und schneller. Sie lehnte sich nicht bei ihm an und bat um Schutz, floh nicht für ihn aus ihrem Elternhaus, nein, sie nörgelte an ihm herum, weil er den Absprung von zu Hause immer noch nicht geschafft hatte.
Jetzt schwebte der Rattenkopf auf ihn zu. Er begann Salatblätter und Fleisch in sich hineinzustopfen, ohne auch nur für den Bruchteil einer Sekunde den Blick auf den Teller zu senken.
Scheiße, dachte er plötzlich, sie wird mich wiedererkennen. Garantiert sogar. So wie ich Idiot sie anstarre, muß ich froh sein, wenn ich keinen Ärger kriege. Der Dicke hinter der Theke guckt schon mißtrauisch. Vielleicht hat der von der Pommesbude meine Beschreibung durchgegeben. Und an der Autobahntankstelle, als ich den Sprit geklaut habe, da haben mich auch zig Leute gesehen. Aber woher sollen die hier in der Kneipe wissen, daß ich gesucht werde? Sie können nicht ahnen, daß ich einen Lkw geklaut habe. Aber die Tramperin mitzunehmen, das war wirklich saublöd von mir.
Ihm brach jetzt noch der Schweiß aus, wenn er an die Verhörsituation zurückdachte. Sie plapperte munter drauflos, erzählte von ihren Reisezielen, dem Buch, das sie gerade las, dem Typ, den sie gerade verlassen hatte, und dann erwartete sie, daß er genauso leicht über sich sprach. Als er sich störrisch zeigte, wurde ihr Interesse bohrend. Eigentlich hätte er gerne mit ihr geredet, doch sie fragte ihn zu sehr aus. Das konnte gefährlich werden. Schon verstrickte er sich in Widersprüche. Er mußte die Erfahrung machen, wie schwer es ist, jemanden hinauszuschmeißen. Er hatte so etwas noch nie getan. Um jemand anderen irgendwo hinauszuschmeißen, mußte man zu-

nächst mal selbst ein Stückchen Besitz und Macht haben. Sie kannte mindestens doppelt so viele Schimpfwörter wie er und spulte sie ab, als sie auf dem Seitenstreifen stand, neben sich den Rucksack und den Schlafsack, und er losstartete. Am liebsten wäre er umgekehrt, um sich bei ihr zu entschuldigen. Wie sollte sie auch verstehen, warum er plötzlich in Panik geriet?

Automatisch stopfte er das Essen vom Teller in den Mund. Die graziöse Leichtigkeit, mit der am Nachbartisch die Filetsteaks durchgeschnitten wurden, brachte ihn fast dazu, sich zum Nachtisch ein Filetsteak zu bestellen. Aber dann dachte er wieder an die Kellnerin. Vielleicht war sie nicht die Tochter vom Wirt, sondern nur eine Angestellte. Vielleicht zog er ihr jeden nichtbezahlten Dekkel vom Lohn ab. Sollte sie mit ihrem sauer verdienten Geld für seinen Hunger geradestehen? Wieviele Knickse mußte sie machen, bis sein Essen bezahlt war?

Auf der Theke stand ein Teller mit sechs kalten Frikadellen. Daneben ein paar Servietten und eine Tube Senf. Für die Thekensteher zur Selbstbedienung. Der Rattenkopf verschwand wieder in der Küche. Bennie stand auf und bewegte sich auf die Theke zu, ganz so, als wollte er bezahlen. Der Wirt bückte sich und angelte im Kühlfach nach einer Flasche Schnaps. Rasch griff Bennie zwei Frikadellen, steckte sie ein, drehte sich um und rannte los. Noch bevor er bei der Tür war, rief der Wirt: »He, halt, bleib stehen! Ja, gibt es denn so was?«

Bennie rannte und wußte, daß er wieder alles falsch gemacht hatte. Schnelle Schritte auf dem Asphalt sagten ihm, daß er verfolgt wurde.

Verdammt, warum habe ich nicht versucht, durchs Klofenster zu türmen? Warum bin ich nicht einfach unauffällig hinausgegangen? So wie jemand, der mal nachgucken will, ob sein Wagen auch richtig abgeschlossen ist? Warum renne ich Schwachkopf los? Er brauchte sich nicht umzudrehen. Die Geräusche verrieten alles. Die Typen ließen ihre Filetsteaks kaltwerden, hechteten in einen VW-Golf und nahmen Bennies Verfolgung auf. Er hatte nur wenig Vorsprung. Als das Motorgeräusch zu nahe kam, ließ er sich am Straßenrand in einen Graben fallen und rollte ein paar Meter tief. Seine Jacke riß am Dornengestrüpp auf. Er fluchte laut über die schmerzhafte Verletzung an seinem Handrücken. Er rannte über eine Kuhweide. Während sie zweihundert Meter hinter ihm beratschlagten, ob man die Verfolgung nun zu Fuß aufnehmen sollte, oder ob es besser wäre, ihn laufenzulassen, stoppte ihn der Stacheldraht. Er sah ihn nicht. Aber er fühlte, wie der scharfe, rostige Draht die Haut auf den Oberschenkeln zerriß. Er wollte über den Draht klettern, verhedderte sich aber und landete kopfüber auf der anderen Seite. Jetzt spürte er die Schmerzen nicht mehr, sondern rannte einfach weiter, bis er sich fast atemlos in einem Waldgrundstück ins Laub fallen ließ und in den riesigen, gleichgültigen Sternenhimmel blickte.

Wenn Martina mich so sehen könnte, dachte er, würde sie Mitleid mit mir haben, mich bedauern, trösten, meine Wunden verbinden – oder mir einen Vogel zeigen?

Nur noch die Geräusche des Waldes umgaben ihn. Die kalten Hände störten ihn mehr als die Hautabschürfungen und Fleischwunden. Fast trotzig steckte er sie tief in die Taschen, wobei die Finger seiner Linken in die Frikadellen stießen, die in seiner Tasche zerbröselt waren. Er matschte sie mit der Hand zusammen, wie er früher Knetgummi zusammengedrückt hatte, wenn ihm die Figuren nicht so schön gelangen wie auf der Vorlage und er die Geduld verlor. Dann weidete er mit vorgestülpten

Lippen die Brot- und Fleischkrumen von seinen Fingern. Er kam sich wild vor, ungezähmt und auf eine eigenartige Weise gefährlich. Undenkbar, daß er früher einmal mit Messer und Gabel gegessen hatte. Vergessen die Zeit, als er um gute Zeugnisnoten buhlte, gebügelte Hemden trug und blankgewienerte Schuhe. Nie wieder würde er Schlange stehen und warten, bis er drankam. Sich nie wieder einfügen, buckeln, kuschen. Er war kein Opfer mehr, er war jetzt Täter.

3

Riegel galt als Analytiker. Als einer, der den Blick fürs Ganze nicht verlor, dabei aber stets das Wesentliche herausfilterte. Mit beinahe mathematischer Präzision hatte er in den letzten Jahren einen Staatsfeind nach dem anderen zur Strecke gebracht. Sein Name stand nicht für große, spektakuläre Erfolge, sondern für kontinuierliche Kleinarbeit. Er tastete sich langsam an die Verhaltensmuster seiner Klienten heran, bis er ihren nächsten Schritt wußte, bevor sie ihn selber ahnten.

Schaffmann, der gefürchtete Bombenspezialist, war ihm auch in die Falle gegangen. Jeder hatte eine Macke, und Riegel fand sie heraus. Schaffmann stolperte über seine Vorliebe für Sachertorte. Vor jedem Bombenanschlag beruhigte Schaffmann seine Nerven mit einer Tasse Kakao und mehreren Stücken Sachertorte. Es war ein Leichtes, ihn bei der Ölministerkonferenz festzunehmen. Nur vier Cafés in der Stadt kamen überhaupt für Schaffmann in Frage. In jedem Café warteten vier Nahkampfspezialisten auf einen Mann um die dreißig, der Sachertorte und Ka-

kao bestellte. In zwei Cafés schlugen sie zu. In dem einen verhafteten sie Schaffmann, in dem anderen schossen sie einen jungen Mann nieder, der zufällig auch gern Sachertorte aß.
Persönlich, emotional, konnte er sich bisher aus allen Fällen heraushalten. Er jagte die Beute, auf die man ihn hetzte, und legte sie dann seinem Dienstherrn zu Füßen. Jede weitere Verantwortung lehnte er ab. Er haßte die Leute nicht, an deren Fersen er sich heftete, aber er empfand auch kein Mitleid mit ihnen. Sie waren ihm schlicht gleichgültig. Gefühlsduseleien durfte er sich bei seiner Arbeit nicht leisten.
Aber diesmal mußte er eingestehen, daß er sich von diesem Benjamin Wagner persönlich an der Nase herumgeführt fühlte. Was der Junge tat, ergab nicht den geringsten Sinn. Er hatte den Lkw in Bottrop, nahe dem Autobahnkreuz Oberhausen, vom Parkplatz geklaut. Das stand zweifelsfrei fest. Er mußte dann auf der E 3 in Richtung Bremen weitergefahren sein, denn ein Imbißstubenbesitzer in Quakenbrück hatte die Nummer notiert und lieferte eine recht genaue Beschreibung des Fahrers. Hier fing das Rätselraten an. Warum hatte dieser Wagner die E 3 verlassen und war nach Quakenbrück gefahren? Es gab nur eine logische Erklärung dafür: Er hatte dort den Wagen an einen Komplizen übergeben sollen. Als dieser Komplize zur angegebenen Zeit nicht an der Imbißstube erschienen war, hatte Wagner die Nerven verloren und sich, ohne zu bezahlen, verzogen.
Riegel grinste. Das war dein erster Fehler, Bürschchen. Wenn du brav deine Pommes bezahlt hättest, wüßten wir nicht, daß du jemals in Quakenbrück gewesen bist.
Es gab dort drei Wohngemeinschaften. Eine davon galt als eindeutig politisch. Riegel hatte sie vorsichtshalber alle

drei ausheben lassen. Ergebnislos.
Vielleicht, dachte Riegel, hatte er bei Twist-Rüttenbrock oder Neuheede die holländische Grenze passieren oder sich von Wilhelmshaven, Bremerhaven oder Cuxhaven aus samt Lkw über die Nordsee nach Irland einschiffen wollen? Auch die Ostseehäfen standen ihm offen. Warum, um alles in der Welt, hatte er knapp zehn Stunden später in Fulda an der A 7 den Lkw getankt? Hier waren sie zum ersten Mal durch klare Hinweise auf Benjamin Wagner gestoßen.
So ein Pech für dich, Bürschchen, so ein ausgesprochenes Pech!
Riegel rieb sich die Hände. Damit hatte der Junge wirklich nicht rechnen können: Ein alter Klassenkamerad morgens um zwei an der Autobahntankstelle! Wer denkt denn schon an so etwas?
Er konnte sich das Bild ausmalen: Von den Komplizen im Stich gelassen, völlig übernächtigt, hatte Wagner am Zapfhahn gestanden, nervös nach rechts und links geblickt und den leeren Tank aufgefüllt. Da war aus der Toilette sein alter Klassenkamerad Siggi Marhuhn erschienen.
»Hey Alter, was machst du denn hier? Das ist ja vielleicht eine Überraschung . . .«
Marhuhn hatte sich nicht erklären können, warum Benjamin nicht freudig auf ihn zugeeilt kam, sondern in die Fahrerkabine geflüchtet war und Gas gegeben hatte, ohne den Zapfhahn wieder einzuhängen, ohne zu bezahlen und ohne seinen ehemaligen Klassenkameraden begrüßt zu haben.
Nur widerwillig hatte Siggi Marhuhn bei der Polizei zu Protokoll gegeben, daß er den Fahrer kannte. Doch der Tankwart beharrte dickköpfig darauf, gesehen zu haben,

daß der junge Mann den Benzindieb freudig von weitem begrüßt hatte.
Ohne diesen dummen Zufall wären wir nie auf deinen Namen gekommen, Benjamin Wagner. Fulda ... Von dort aus waren es nur ein paar Kilometer zum hessischen Naturschutzpark. Aber auch nur zwanzig, fünfundzwanzig Kilometer bis zur DDR-Grenze. War das denkbar? Wollte er nach drüben? Kaum zu glauben, daß er denen seine Fracht anbieten wollte. Wahrscheinlich war die Tankstelle an der A 7 nur ein Ausweichtreffpunkt, und nachdem er seinen Komplizen in Quakenbrück verpaßt hatte ... Du hast aber auch Pech, dachte Riegel. In Quakenbrück vergißt du aus lauter Schiß zu bezahlen, und deine Komplizen lassen dich hängen, in Fulda erkennt dich ein alter Klassenkamerad, und dann passiert dir auch noch diese Geschichte mit der Tramperin. Überhaupt mußte ein Terrorist, der in einem geklauten Fahrzeug auf der Flucht war, schon ziemlich bescheuert sein, wenn er eine Tramperin mitnahm, dachte Riegel. So etwas war ihm bisher nicht untergekommen. Vielleicht hatte er es aber auch nur mit einem ungeheuer raffinierten Typen zu tun, der die Tramperin zu seiner Geisel hatte machen wollen. Normalerweise geht von einer Geisel immer eine gewisse Gefahr für den Geiselnehmer aus. Sie muß bewacht werden. Sie kann fliehen, sich zu befreien versuchen oder andere auf sich aufmerksam machen. Eine Tramperin aber, die gar nicht ahnt, daß sie eine Geisel ist – genial ... und zudem noch völlig ungefährlich. Außerdem hatte Wagner zu diesem Zeitpunkt ohnehin davon ausgehen müssen, daß durch diese Geschichte an der Tankstelle und das unerwartete Zusammentreffen mit Siggi Marhuhn den Behörden sein voller Name bereits bekannt war. Wenn ich zum damaligen Zeitpunkt von der

Sache gewußt hätte ... noch vor Würzburg wärst du Spatzenhirn mir in die Falle gegangen, raunzte Riegel in seine Plastikkaffeetasse, bevor er den kalten, milchigen Rest in den Ausguß schüttete.
Leider wußte ich zu diesem Zeitpunkt nicht einmal, daß der Lkw geklaut worden war. Wenn diese Penner nicht so dämlich ...
Vermutlich war Wagner dann Richtung Süden gefahren und hatte auf der E 6 hinter München die Tramperin Jutta Spange aufgegabelt. Du wolltest über die österreichische Grenze, keine Frage. Nach Österreich und von da aus weiter nach Italien ... die Roten Brigaden, na klar! Das wäre immerhin logisch.
Diese Jutta Spange konnte nicht erklären, warum es zum Streit gekommen war. Du wolltest sie einfach nur loswerden. Du brauchtest für deinen Grenzübertritt keine Zeugin. Aber bist du wirklich so naiv zu glauben, wir würden auf diese Show reinfallen? Nach Österreich und dann nach Italien? O nein, mein Freund, dir geh ich nicht auf den Leim, du bist noch in der Bundesrepublik. Du hast diese Jutta Spange nur mitgenommen, damit wir denken, du seist nach Österreich gefahren. In Wirklichkeit bist du dann an der Grenze weiter zum Bodensee. Und über die Schweiz nach Frankreich! Du bist jetzt fast fünfzig Stunden unterwegs und bewegst dich im Kreis. Ohne Sinn und Ziel ... Entweder bist du der blödeste Hund, den diese Welt je hervorgebracht hat, oder ...
Riegel fühlte sich fast persönlich beleidigt. Wollte dieser Anfänger ihn aufs Kreuz legen? Vielleicht hatte er die Fässer längst ausgeladen und fuhr mit dem leeren Lkw durchs Land. Vielleicht hinterließ er all diese Spuren absichtlich, um die Fahndung auf sich zu lenken, während seine Komplizen längst ihr Diebesgut in Sicherheit brach-

ten, um dann vom Ausland aus in aller Ruhe die Bundesregierung zu erpressen ... Aber warum sollte jemand so dumm sein, als lebende Zielscheibe durchs Land zu kurven, wenn er seine Mission schon erledigt hatte?
Vielleicht wußte er gar nicht, wofür er mißbraucht wurde? Vielleicht hatte er den Wagen gar nicht selber gestohlen, sondern man hatte ihm das bereits leere Fahrzeug übergeben mit der Auflage, kreuz und quer durchs Land zu fahren und eine Spur auszulegen. Vielleicht glaubte er, daß es sich um eine Wette handelte oder einen Witz. Riegel goß sich aus einer Warmhaltekanne die letzten Tropfen Kaffee in seinen Plastikbecher.
Jeder Verbrecher ging nach einem System vor. Gerade die politischen. Auch die, die es selber nicht wußten, denn Menschen, so hatte er gelernt, sind Gewohnheitstiere. Auch wenn sie noch so clevere, hochkarätige Gangster werden, ihre Eß- und Trinkgewohnheiten legen sie nicht ab. Sie rauchen immer noch die gleiche Marke, trinken immer noch die gleiche Sorte Schnaps, mögen die gleichen Frauen, die gleichen Autos, die gleichen Filme, die gleichen Bücher, lesen die gleichen Zeitschriften und werden dadurch verwundbar. Dieser Benjamin Wagner schien einen ganz besonderen Tick zu haben: Er vergaß in der Eile zu bezahlen. Für einen Moment spielte Riegel mit dem Gedanken, daß der Junge überhaupt kein Bargeld besaß. Dann mußte er über seine eigene Naivität lachen. Wer einen gefährlichen Anschlag auf Staat und Gesellschaft plante, vergaß wohl kaum, das nötige Kleingeld einzustecken.
Daß man ihn dazu verdonnert hatte, mit diesem Moderator zusammenzuarbeiten, nervte ihn maßlos. Zugegeben, über diesen Typ von der *Wogenden Welle* konnte man vielleicht zu Wagner reden. Wahrscheinlich hörte er tat-

sächlich zu und amüsierte sich darüber, wie sehr man sich abstrampelte, um ihn zum Aufgeben zu bewegen. Riegel schüttelte den Kopf. Der Kaffee war ungenießbar. Ihm war kein Fall bekannt, in dem man mit schönen Worten einen hochkarätigen Terroristen dazu gebracht hätte, die Waffen zu strecken, wenn er sich gerade in einer erfolgversprechenden Aktion befand. Da setzte Riegel auf ganz andere Trümpfe. Egal, wo Wagner sich im Moment befand – innerhalb des Bundesgebietes hatte er nicht mehr den Hauch einer Chance. Mindestens alle fünfzig Kilometer standen Kontrollfahrzeuge auf den Autobahnen. Zusätzlich an jeder Abfahrt. Hubschrauber befanden sich im Einsatz, Scharfschützen warteten an den Autobahntankstellen. Und irgendwann würde er wieder tanken müssen!

Nun, mein Netz ist ausgelegt, Freundchen, nicht mal ein Mofafahrer könnte hindurchschlüpfen. Erst recht nicht du mit deinem dicken Lkw!

Er sah auf die Uhr. Die Gespräche mit Benjamins Familienmitgliedern müßten inzwischen abgeschlossen sein. Seinen Leuten entging so schnell nichts – Verhörspezialisten, die eine Lüge witterten, auch wenn sie jeden Lügendetektor ohne Beanstandung passierte. Aber er zog es trotzdem vor, sich einen eigenen Eindruck zu verschaffen.

4

Bennies Bewußtsein war ein Haufen glühender Kohlen, und diese Radiofritzen bliesen rücksichtslos hinein. Seine Augen fieberten. Zusammengekauert hockte er eulenartig auf dem Beifahrersitz und starrte auf die schimmernden Ziffern des Radios.

»Ja, Bennie, so eine Sendung für dich war doch schon lange fällig. Wenn ich mir deine Briefe anschaue, dann weiß ich, daß ich es mit einem sensiblen jungen Mann zu tun habe. Du verstehst etwas von Musik, und du machst dir Gedanken über das, was vorgeht in der Welt. Ja, du bist nicht einer von diesen oberflächlichen Schwachköpfen. Ich wette, du hast wirklich was drauf. Und verliebt bist du auch noch, Junge, Junge! Martina heißt die Glückliche. Sie war es, für die du dir immer wieder romantische Musik gewünscht hast. Heute werden wir sie spielen. Für dich und Martina. Ich wüßte halt gern mehr über sie. Ruf mich doch mal an, Bennie, und erzähl mir von ihr. Jetzt spielen wir erst mal SO BIST DU – und nun los, Bennie – zum nächsten Telefon! Meine Nummer ist null-zwei-zwei-eins, zwei-zwei-null-eins-vier.«

Auf dem Armaturenbrett direkt über dem Radio lag eine zerknitterte Packung Zigaretten. Achtlos hingeworfen. Wahrscheinlich hatte sie vorher jemand in der Hosentasche gehabt. Von seinem Platz aus konnte Bennie sehen, daß noch mindestens drei Zigaretten drinsteckten. Er war Nichtraucher. Doch jetzt erschienen ihm ein paar Züge erstrebenswert. Er zögerte. Die Zigarettenpackung lag so nah beim Radio, daß er sich kaum traute hinzufassen. Jetzt oder nie. Wenn erst Martin Wildmüllers Stimme wieder erklang, würde er es nicht schaffen, die Hand in diese Richtung auszustrecken. Seine Hand schoß vor, klammerte sich um die Zigarettenpackung und sauste wieder zurück. Auf der Ablage neben dem Beifahrersitz vergammelte eine halbvolle Packung Streichhölzer. Das Reklamepapier darauf war abgeknibbelt worden, und das Döschen mußte in einer Limolache gelegen haben. Es war klebrig, und die meisten Streichhölzer waren unbrauchbar. Als endlich eins an der viel zu weichen Reibfläche entflammte, erschrak Bennie, als hätte jemand eine brennende Fackel in sein Fahrerhäuschen geworfen. Schon nach dem zweiten Zug wurde ihm schwindlig. Er stieß die Tür auf und warf die glimmende Zigarette hinaus. Ein paar Regentropfen trafen seine Hand und seine Wange. Es regnete seit Stunden und ein schneidender Wind kräuselte die Pfützen. Bei solchem Wetter krochen Regenwürmer und Schnecken aus den Wiesen und überquerten die Landstraße, wo sie plattgefahren wurden von Autofahrern, die nicht einmal ahnten, wieviele Lebewesen sie töteten.

Bennie fand, daß dieses Wetter zu ihm paßte. Er konnte sich jetzt nicht vorstellen, Leuten mit Einkaufstüten und eisschleckenden Kindern zu begegnen. Jetzt war seine Zeit. Er wollte raus aus dem Wagen.

»Hallo! Bennie, warum rufst du mich denn nicht an? Soll ich dir etwa eine schriftliche Einladung schicken? Hahaha! Du glaubst wohl, wir machen hier für jeden so eine lange Sendung, aber da hast du dich geirrt, mein Junge! Das ist eine Auszeichnung. Eine Ehre. Darauf kannst du stolz sein! Und weißt du, wer jetzt hier neben mir im Studio sitzt? Da kommst du nie drauf! Jawohl, mein Lieber, sie ist hier! Martina! Sie möchte mit dir reden, Bennie, also – überleg's dir noch! Martina, flüster ihm doch noch mal unsere

Telefonnummer ins Ohr!«
»Ja, hallo Bennie, ich bin's wirklich, Martina – da staunst du aber, was? – Äh, ja also – hier ist jetzt die Nummer: null-zwei-zwei-eins – das ist die Vorwahl – und dann zwei-zwei-null-eins-vier. Ruf mich an, Bennie, ich freu mich drauf!«
»Aber, aber, Martina, das kann doch nicht alles sein! So kannst du ihn doch nicht verabschieden. Willst du ihm nicht noch einen Kuß über den Sender hauchen? Ihm ein paar nette Worte sagen?«
»Ja, äh, ich, also, ich wollte dir sagen, Bennie ...«
»Ja, jetzt müßtest du sie sehen, Bennie! Sie wird ganz rot dabei – genier dich nicht, Martina, genier dich nicht! Hört mal alle weg, Leute, das geht euch nichts an, das ist nur etwas für Martina und Bennie – also Martina ...«
»Wo auch immer du bist, Bennie, fühl dich umarmt und geküßt von mir – ich –«
»Ja ist das nichts? Da wird einem ja ganz anders! Mensch, Bennie, wenn du wüßtest, wie ich dich beneide! Also, jetzt ruf uns an! Hier ich noch mal die Nummer: null-zwei-zwei-eins und dann zwei-zwei-null-eins-vier. Bitte, ihr Spaßvögel aus fern und nah, bleibt aus der Leitung! Laßt sie nur für Martina und Bennie frei – ich kann verstehen, Jungs, wenn ihr jetzt alle hier anruft, aber zu Martina wird nur einer durchgestellt – Bennie! – Woher wir wissen, wer der richtige Bennie

ist? Ja ganz einfach – unser Telefonfräulein kennt seinen Nachnamen. Aber den geben wir hier nicht bekannt. Ich bin gespannt, wie es weitergeht mit Bennie und Martina. Auf jeden Fall geht's bei uns jetzt weiter mit Musik auf der *Wogenden Welle*! Immer aktuell. Immer hautnah dran. News und Popmusik! Das ist unser Motto.«

Ich muß völlig übergeschnappt sein, völlig übergeschnappt. Das ist doch nicht möglich, daß Martina dort sitzt und so einen Stuß erzählt. Was hätte ich früher darum gegeben, wenn sie mir so etwas ... ich bin irgendwie aus der Spur geraten.

Das ist doch alles Wahnsinn. Ich sitz hier im Wald in einem gestohlenen Wagen ohne einen Pfennig Geld und phantasiere so einen Mist zusammen! Hätte ich nur dieses Scheißauto nie geklaut! Ich könnte jetzt zu Hause in meinem warmen Bett liegen und ...

»Also, Bennie, nun macht dir schon mal so ein tolles Mädchen so ein Angebot, und du rufst nicht an – das versteh ich aber wirklich nicht. Bitte noch einmal: Alle anderen aus der Leitung gehen! Ihr werdet ohnehin nicht zu ihr durchgestellt! Du müßtest mal sehen, wie ihre Wimpern klimpern! Und was sie jetzt für einen Schmollmund zieht! Oh, sei nicht traurig, Martina, nur weil er noch nicht angerufen hat – vielleicht fehlt ihm einfach das Kleingeld, und er steht vor einer Telefonzelle und ist verzweifelt. Hört zu ihr Leute in nah und fern! Wenn ihr irgendwo einen jungen Mann vor einer Telefonzelle seht, der nervös von einem Fuß auf den anderen tritt, leiht ihm ein paar Münzen, damit er hier anrufen kann, denn es ist Bennie! Nun, Martina, möchtest du noch etwas zu Bennie sagen?«

»Bennie – wo du jetzt auch bist – wenn du mich hörst, ruf bitte an; ich weiß gar nicht, was ich sagen soll, so übers Radio ist das schwierig. Ich würde lieber richtig mit dir telefonieren. Quäl mich nicht länger, ruf an! Du bist bestimmt sauer auf mich wegen der Sache mit Jürgen. Aber du, da ist nichts gewesen, wirklich, ich wollte dich nicht ver . . .«

»Aber hallo, hallo, du wirst hoffentlich nicht die intimsten Geheimnisse vor meinen Hörern ausbreiten! Wir haben zwar schon Mitternacht, aber es gibt viele jugendliche Zuhörer. Außerdem wollen wir nicht, daß die Omis in nah und fern jetzt rot werden; während Bennie es sich überlegt, spielen wir noch eine Platte – uff, ist das eine heiße Nacht! Es werden noch Wetten angenommen! Wird es der *Wogenden Welle* gelingen, diese beiden unglücklich verliebten Menschen wieder zusammenzubringen oder nicht? Wird es uns gelingen, noch heute nacht den Draht zwischen Martina und Bennie zu schalten?«

Du mußt dich hier losreißen. Du mußt wieder in die Wirklichkeit zurück, bevor du endgültig überschnappst, brüllte Bennie resonanzlos in sich hinein. Unbewußt krallte er die Fingernägel in seine Oberschenkel. Er mußte an seinen Lehrer, Herrn Bochner, denken. Der hatte ihm prophezeit, daß aus ihm nichts werden würde: »Du wirst in einer Riesenschlange enden, die auf dem Arbeitsamt steht und auf einen Job wartet. Bestenfalls. Mit deiner Einstellung kann man schnell auf die schiefe Bahn kommen. Und dann stehst du nicht im Arbeitsamt Schlange, sondern in der Gefängniskantine mit dem Napf in der Hand. Glaub ja nicht, daß die Suppe, die dort ausgeteilt wird, so schmackhaft ist wie Mutters Hühnerbrühe.«

Ja, Bochner, du Pädagogenmonster, ich weiß, du hast nie versucht, mir was beizubringen. Du wolltest nur täglich beweisen, daß ich ein Nichtskönner bin, und das ist dir ja auch gelungen. Aber ich werde nicht im Knast landen, wie du gedacht hast – sondern in der Klapsmühle.

»Bennie, das ist deine letzte Chance. Wir haben die Sendezeit schon weit überschritten. Irgendwann ist für alle einmal Schluß. Ich gebe dir noch zehn Minuten. Dann will ich ins Bettchen . . . nein, nein, keine Angst, hahaha, nicht mit deiner schönen Martina! Aber ganz ehrlich, mein Freund, so ein Mädchen läßt man nicht so lange warten. Also, hier noch einmal unsere Nummer: null-zwei-zwei-eins, zwei-zwei-null-eins-vier.

Aber Martina, nun weine doch nicht! Also, das ist wirklich kein Grund . . .

Mensch, Bennie, jetzt heult sie! Und alles, weil du so stur bist. Ja, liebe Freunde, sollte jemand von euch Bennie sehen, sagt ihm, daß er dringend hier anrufen muß! Jetzt und sofort! Ein Kavalier läßt eine Dame nicht weinen, wie mein Opa schon sagte und jetzt nur für dich, Bennie, zwei . . .«

Er schaffte es, den Radioknopf umzudrehen. Es machte klick und wurde still.
Erst jetzt brannten die Fleischwunden wieder, die er sich am Stacheldraht zugezogen hatte. Seine Finger zitterten leicht, als er die Blutkrusten betastete. Hoffentlich gibt das keine Blutvergiftung, dachte er und versuchte, sich daran zu erinnern, wann er zum letzten Mal gegen Wundstarrkrampf geimpft worden war.
Was bedeutet das eigentlich, verrückt zu sein? Ist das eine Krankheit, die im Kopf wütet? Und irgendwann einfach verfliegt, so wie die Wirkung von Alkohol? Irrsein, ist das vielleicht, wenn man nicht mehr rauskriegt, was wirklich ist? Wenn man nicht mehr planmäßig handeln kann? Wenn in einem soviel gleichzeitig passiert, daß man nicht mehr weiß, was draußen und was drinnen ist?
Es war gräßlich, jetzt alleine zu sein. Bevor die Wellen des Schwachsinns über ihm zusammmenschlugen, mußte er sich bewegen, ja sich wehtun, um zu spüren, daß er noch in seinem Körper wohnte. Er wollte aus dem Wagen, halb stürzte er, halb warf er sich hin und drückte sein Gesicht in den nassen Waldboden, krallte sich in frisches Moos und Blätter vom letzten Jahr und spürte in sich einen Schrei wachsen, der heraus mußte.

5

Martin Wildmüller liebte Cocktails. Er wog ab, ob er seine Drinks heute auf Tequila- oder auf Wodkabasis trinken sollte. Er nahm an einem Abend fünf oder sechs verschiedene Cocktails. Die Basis aber mußte gleich sein. Das wußte er als erfahrener Cocktailtrinker. Der Barkee-

per machte es ihm leicht. Als Martin Wildmüller sah, daß er eine Bloody Mary für einen stummen Gast am Ende der Theke im Glas rührte, statt ihn im Shaker zu schütteln, nahm er Abstand von den Wodkadrinks und entschied sich für Tequilabasis. Er orderte einen Latin Lover und fügte hinzu: »Aber geschüttelt, bitte, nicht gerührt.«
Der Barkeeper sah ihn mißmutig an. Und weil er das heilige Wasser der Aztekenkönige aus der Flasche goß wie einen einfachen klaren Schnaps, wies Martin Wildmüller ihn zurecht: »Bei der Bloody Mary vorhin haben Sie zwei Fehler gemacht.« Der Barkeeper hantierte ungelenk mit dem Shaker herum und funkelte Martin Wildmüller an.
»Die Devise heißt: Shake the shaker, not yourself«, grinste Martin Wildmüller. Der Barkeeper tat als hätte er nichts verstanden und zischte: »Was war mit der Bloody Mary?«
»Erstens nimmt man dazu frisch gemahlenen Pfeffer und nicht diesen alten grauen Staub, den Sie daraufgegossen haben, und zweitens wird sie im Shaker zubereitet. Gerüttelt und nicht im Glas gerührt.«
»Eins schmeckt wie das andere. Und der Gast ist zufrieden.«
Damit war für Martin Wildmüller klar, daß er die Bar verlassen würde. »Mit dieser Meinung, junger Mann, sollten Sie im Supermarkt Fleischkonserven verkaufen, aber nicht hinter einer Bartheke stehen. Wenn Sie die Bloody Mary im Glas rühren, verbinden sich die Gewürze nicht mit dem Wodka und dem Saft. Soll ich Ihnen mal eine richtige Bloody Mary zubereiten?«
Der Mixer knallte das Glas vor Martin Wildmüller auf den Tisch und ignorierte ihn von der gleichen Sekunde an.
Martin Wildmüller nippte nur einmal an dem Drink, warf

dann achtlos einen Zehnmarkschein über die Theke und verließ die Bar. Er suchte eine andere, in der ein routinierter Mixer mit sicherer Hand seine Cocktails zubereitete. Die Lust auf Wodka oder Tequila war ihm gründlich vergangen. Aber da er kaum einen Schluck von seinem Tequiladrink genommen hatte, war es noch möglich, auf eine andere Basis umzusteigen.

Was hätte Philip Marlowe, der berühmte Detektiv wohl getrunken, wenn es keinen Gin gegeben hätte? In einer seiner Lieblingsgeschichten, »Victors Bar«, beklagte sich Marlowes Freund über die miesen Gimlets, die man ihm überall servierte. Er präsentierte ein Rezept mit Gin und Lime Juice.

Martin Wildmüller spürte den Geschmack von Marlowes Gin-Gimlets wieder auf der Zunge. Er hatte ihn zuletzt vor drei Jahren probiert, auf seiner eigenen Geburtstagsparty. Damals war der Gin-Gimlet ihm zu süß erschienen. Vielleicht, so überlegte er, sollte man Lemon Juice dazu nehmen, um den Geschmack abzurunden.

Er kannte die Bar nicht. Sie lag in einer kleinen Seitenstraße und sah von außen eigentlich sehr nach einem Animierschuppen aus. Wenn er in eine Bar ging, dann sicher nicht wegen Frauen. Im Gegenteil, sie störten ihn dort. Er suchte gute Drinks. Er war schon oft an dieser Bar vorbeigegangen. Der schwere Parfümgeruch in den Vorhängen der Tür hatte ihn immer wieder abgeschreckt. Heute war genau der Tag, um ein Experiment zu wagen.

Der Barkeeper trug ein weißes Hemd mit leichten Schwitzflecken und eine schwarze, korrekt gebundene Fliege. Er seihte die Zutaten zum Pina Colada so geschickt durchs Barsieb aus dem Shaker, daß Martin Wildmüller sich sofort wohlfühlte. Er bestellte einen Gin-Gimlet und der Mixer nickte nur wissend.

Ja, genauso sollte er schmecken. Jetzt entspannte Martin Wildmüller sich stehend an der Theke und dachte: Es war eine gute Idee, auf Gin umzusteigen.
Er war den ganzen Tag wie besoffen herumgelaufen und hatte das Gefühl, sich jetzt nüchtern zu trinken. Wie stellte dieser Innenminister sich das vor? Alles mußte geheim bleiben, durfte auf gar keinen Fall publik werden, und trotzdem sollte er diesen Benjamin Wagner über den Sender zum Aufgeben bewegen. Immerhin, er hatte einige Trümpfe in der Hand. Wenn er dem Schreibbüro Glauben schenken konnte, war Benjamin einer der hartnäckigsten Hörer seiner Sendung. Anhand der Briefe konnte er sich ein Bild von ihm machen. Seine Freundin war zur Mitarbeit bereit und auch seine Mutter und seinen Vater würde er noch kriegen. Aber das nutzte ihm wenig. Er wollte die Einschaltquoten hochfahren mit einer spektakulären Sendung. Die Zuhörer sollten live dabeisein, wenn er, Martin Wildmüller, über die *Wogende Welle* in einem der brisantesten Verbrechen der letzten Jahrzehnte vermittelte. Geheimhaltung und Journalismus waren nicht miteinander zu vereinbaren. Aber das mußte dem Innenminister erst mal jemand klarmachen. Okay, immerhin würde dieser Benjamin Wagner irgendwann aufgeben oder gefaßt werden. Oder Selbstmord begehen. Irgendwann wäre die Sache auf jeden Fall vorbei und dann könnte er seinen Zuhörern endlich die Wahrheit sagen, könnte des Rätsels Lösung liefern. Und alle hätten nachträglich das Gefühl, bei ihm etwas ungeheuer Spannendes gehört zu haben. Aber das reichte ihm nicht. Er wollte die Sensation in der Sendung, nicht später in einer Illustriertengeschichte.
Ich muß Kontakt zu ihm kriegen. Ich muß ihn dazu bringen, mit mir zu telefonieren. Lange können sie die Sache

vor der Öffentlichkeit ohnehin nicht mehr geheimhalten. Und wenn sie mit ihrer ganzen dramatisch-tragischen Geschichte an die Öffentlichkeit gegangen sind, dann kann ich vom Leder ziehen wie ich will. Dann muß ich bereits einen Draht zu ihm haben.
Mensch, Junge, sagte er in sein Cocktailglas hinein, vielleicht ist das die Chance deines Lebens. Laß sie dir nicht entgehen. Wenn er mit dieser Martina nicht zu ködern ist, dann brauchst du in der nächsten Sendung entweder seine Mutter oder seinen besten Freund. Vielleicht seinen Lehrer . . . Du mußt einfach noch mehr über ihn herauskriegen. Es wird in unserem Haus wohl noch einen Journalisten geben, der vernünftig recherchieren kann. – Natürlich konnte er einen Kollegen bitten, aber die Gefahr war zu groß, daß ihm jemand die Story aus den Fingern riß.

6

Er fror. Zusammengekauert lag er in der Schlafkabine im hinteren Teil des Fahrerhäuschens. Als er sein eigenes Gesicht im Rückspiegel sah, füllten sich seine Augen sofort mit Wasser. Wirr umrahmten seine Haare das mit Dreck und Blut verklebte Gesicht.
Er wollte zurück. Aufgeben. Es hatte keinen Sinn.
Vielleicht konnte man die Geschichte noch bereinigen. Erklären. Aber wie sollte jemand verstehen, warum er den Lkw geklaut hatte, wenn er es selber nicht genau begriff? Er wollte einfach raus aus dem smogverhangenen Ruhrgebiet, der erstickenden Enge des Elternhauses und der Zukunftslosigkeit seiner Existenz.

Stunden hatte er darauf gehofft, daß ihn jemand mitnehmen würde. Wieviele Lkw-Fahrer hatte er auf dem Rasthof angesprochen? Immer wieder ihr Kopfschütteln. Dreimal sah er, wie die Typen, die ihn ablehnten, eine Tramperin einsteigen ließen. Ja, wäre er ein langhaariges Jeans-Mädchen gewesen ...

Seine paar Mark gingen für Kaffee und Würstchen drauf. Dann wurde es auch noch kalt und nieselte, und plötzlich stand dieser Lkw da, unverschlossen, mit laufendem Motor. Der Fahrer mit der grünen Pudelmütze wollte nur kurz zur Toilette, aber blieb dann länger, so daß sein Kumpel ausstieg, um sich einen Kaffee zu genehmigen.

Es erschien Bennie nicht wie ein Diebstahl. Mehr wie ein Streich, den er den beiden spielte. Er wollte sich ein bißchen aufwärmen. Ein Stückchen herumfahren. Das Gefühl genießen, etwas Ungewöhnliches zu tun. Klar wollte er den Wagen zum Rastplatz zurückbringen. Was sollte er mit einem Lkw? Doch dann verlor er plötzlich den Mut dazu. Er hatte den Wagen aus Feigheit gestohlen. Weil er zu feige war, ihn wieder zurückzubringen. Weil er Angst hatte, von den beiden Fahrern Prügel zu beziehen. Weil er fürchtete, von der Polizei nach Hause gebracht zu werden. Das vorwurfsvolle Gesicht seiner Mutter. Das wissende Kopfschütteln des Vaters. Für ihn wie für den Hauptschullehrer Bochner war klar, daß Bennie auf der schiefen Bahn landen würde. Das sagte er schon seit Jahren. Eigentlich wunderte er sich nur, warum es noch nicht geschehen war. Dies war dann endlich die Bestätigung, auf die alle gewartet hatten.

Er war nicht nur ein Versager, sondern ein mieser, kleiner Gauner. Obendrein einer, der als Ganove nun genauso scheiterte wie als Schüler und Arbeitssuchender.

Quatsch, Ganove! Er wollte kein Ganove sein. Wollte

eine Chance, ehrlich durchs Leben zu kommen, und sehnte sich danach, endlich genug Geld zu verdienen, um sein Elternhaus verlassen zu können. Die Bevormundung hielt er nicht länger aus.
Er richtete den Spiegel so ein, daß er sich genauer betrachten konnte. Die Kleidung hing zerrissen an seinem Körper herab. Er kam nicht als Champion zurück. Jetzt sah er endlich aus, wie er sich fühlte: gebeutelt von Irrtümern, zerfressen von Selbstzweifeln, zerstört von Stärkeren.
Er kletterte auf den Fahrersitz, nahm das Lenkrad fest in beide Hände. Bei der Berührung erschrak er. Es war eiskalt. Abweisend.
Nein, er wollte sich nicht mehr waschen. Ganz in der Nähe plätscherte ein kleiner Bach. Es wäre ein Leichtes gewesen, sich dort frisch zu machen. Aber er wollte so zurückkommen, wie er war. Innerlich und äußerlich ein Verlierer. Außerdem befürchtete er, beim Waschen könnte ihn der Mut verlassen. Vielleicht würde es ihm wieder nicht gelingen, den Wagen zurückzubringen. Und er konnte unmöglich noch einen weiteren Tag in einem gestohlenen Fahrzeug verbringen. Während er überlegte, ob er einfach zur nächsten Polizeistation fahren sollte oder zurück zu seinen Eltern, um sich dort zu ergeben, schaltete er das Radio ein. Als die ersten Musiktöne die Lautsprecher vibrieren ließen, lief ein Schauer über Bennies Rücken, der sich bis in die Fingerspitzen ausbreitete. Er hatte gestern kurz vor dem Wahnsinn gestanden, hatte Martinas Stimme gehört. Sie sprach zu ihm. Und Martin Wildmüller ebenfalls.
Wenn so etwas noch mal passiert, dachte Bennie, melde ich mich freiwillig in der Klapsmühle an. Vielleicht kann man so etwas heilen.

Als ich den Wagen bestieg und einfach losfuhr, muß ich unzurechnungsfähig gewesen sein. Die ersten Anzeichen des Wahns, der gestern losbrach. Sie werden mich gar nicht einsperren, sondern behandeln. Das Durcheinander in meinem Kopf wieder ordnen.

Er versuchte, seine Gedanken von der gestrigen Angst abzulenken. Am einfachsten war es, sich auf die Frikadellen zu konzentrieren, die in einem Körbchen auf der Theke gestanden hatten. In seiner Vorstellung waren sie viel größer als in Wirklichkeit.

Ich sollte etwas essen, bevor ich mich bei der Polizei melde. Bis zu meinen Eltern halte ich es ohnehin nicht mehr durch, ohne ... Wie vielfältig die Fallen sind, die man sich selbst stellt, dachte er. Wenn ich jetzt erst einmal essen gehe, geht's mir nachher besser. Und ich werde die Notwendigkeit nicht mehr einsehen, mich sofort zu stellen. Vielleicht mache ich dann einen Spaziergang, wasche mich oder überlasse den Wagen einfach sich selbst und trampe nach Hause zurück? – Warum eigentlich nicht? Was sprach dagegen, die Sache hier einfach abzubrechen und nach Hause zurückzukehren? Natürlich gab es hier überall seine Fingerabdrücke. Aber bei der Polizei war er bisher noch nicht aktenkundig. Und er hielt es für ziemlich unwahrscheinlich, daß sie um einen Autodiebstahl soviel Aufhebens machen würden. Wahrscheinlich gaben sie den Wagen einfach nur zurück, und damit war die Sache vergessen und vorbei. Siggi Marhuhn hatte ihn gesehen. Aber ob Siggi auch der Polizei gegenüber eine Aussage gemacht hatte? Siggi gehörte zu den seltenen Menschen, die nie einen Kumpel in die Pfanne hauen. Einmal nahm er sogar eine Strafarbeit auf sich, weil er einen anderen Klassenkameraden nicht verraten wollte. Siggi war einer von den aufrechten, geraden Typen.

Martin Wildmüllers Stimme riß Benni aus seinen Gedanken.

»Gestern riefen hier 72 junge Männer an. Alle gaben sich als Bennie aus. Aber keiner war der richtige. Die meisten wollten ein Gespräch mit Martina. Einige wollten auch einfach wissen, was los ist. Nun, ich würde es euch gerne verraten. Aber das geht nicht. Noch nicht! Der Zeitpunkt wird kommen. Solange bitte ich euch um Geduld. Heute wollen wir es auf der *Wogenden Welle* noch einmal versuchen. Irgendwo da draußen ist Bennie. Ein einsamer Wolf in der Steppe. Er hat eine Dummheit gemacht. Vermutlich traut er sich nicht nach Hause zurück. Aber Bennie, es ist alles halb so wild. Das sag *ich* dir: Martin Wildmüller von der *Wogenden Welle.* Komm zurück und alles ist vergessen und vorbei. Wenn du mir nicht glaubst, laß es dir von unserem heutigen Studiogast erzählen. Es ist Herr Bochner. Jawohl, Bennie, dein ehemaliger Lehrer. Na, da ist die Freude aber groß, seine Stimme nach so langer Zeit einmal wieder zu hören, was?
Also, Herr Bochner, was haben Sie Bennie zu sagen?«

»Benjamin! Ich hoffe, daß du mich jetzt hörst. Ich hab es immer gut mit dir gemeint. Bitte hör auf meinen Rat: Gib auf!«

»Entschuldigen Sie, Herr Bochner, wir müssen für einen kurzen Verkehrshinweis unterbrechen. Auf der A 3 ereignete sich ein schwerer Unfall zwischen . . .«

Bennie bekam keine Luft mehr. Er riß die Fahrertür auf und sprang heraus.
Bennie schlug um sich. Aber es war niemand da, den er hätte treffen können.
War das Wirklichkeit? Hatte er wirklich den Lkw gestohlen, ohne Sinn und Verstand? Sprachen echte Menschen zu ihm aus dem Radio, oder war er nur Gefangener in einem Wahnsystem? Luft! Luft!
Etwas, das in ihm gesund geblieben war, brüllte: Du bist nicht wahnsinnig! Es ist die Welt! Dein Vater kommt um vor Überstunden, und für dich hat niemand Arbeit. Millionen hungern und hier vernichten sie Nahrung. Diese Welt ist verrückt. Nicht du!
Als er endlich die Lungen wieder mit Sauerstoff füllen konnte, fiel er auf die Knie und schrie. Über ihm flatterte erschrocken ein Vogelpärchen auf. Dann rannte er los. Er hatte kein Ziel. Er wollte nur weg. Soweit wie möglich, auch von sich selbst. Er hoffte, sich in einen Rausch zu laufen und ohnmächtig zu werden. Es knackte in seinen Ohren. Vielleicht war es auch ein Schuß. Der Gedanke, von einem Jäger mit einem Wild verwechselt zu werden, war ihm im Moment durchaus sympathisch. Hauptsache, alles fand ein Ende. Er stolperte und stürzte. In seinem Kopf explodierte etwas.

7

Riegel hatte die Nacht im Büro verbracht, über Autobahnkarten und Einsatzplänen grübelnd. Vergeblich hatte er das Telefon angestarrt. Sie waren keinen Schritt weitergekommen in dieser Nacht.

Riegel rasierte sich vor dem Spiegel über dem kleinen Handwaschbecken. Er haßte es, einen Stoppelbart zu haben. Das Geräusch, wenn die Klinge über die Bartstoppeln schnitt, beruhigte ihn. Er kam sich dann aktiv vor.
Was ihn am meisten ärgerte, waren die Unterlagen aus der Schule. Er war es gewohnt, gegen hochbegabte Terroristen anzutreten. Leute, die mit ihrer Bildung und Intelligenz weitgekommen wären in diesem Staat, wenn sie sich nicht für die andere Seite entschieden hätten. Sie waren ihm ebenbürtig. Tief in sich drin fühlte Riegel sich ihnen sogar verbunden. Seine Frau hatte vor Jahren zu ihm gesagt: »Du und deine Terroristen – ihr paßt zusammen. Ihr seid aus dem gleichen Holz geschnitzt.«
Damals hatte er vor Empörung einen Ehekrach heraufbeschworen. Doch er wußte: Jäger und Gejagte werden sich mit der Zeit ähnlich wie alte Ehepaare, wie Herrchen und Hund, wie Lehrer und Schüler.
Aber diesmal, dieser Benjamin Wagner, das war kein wirklicher Gegner. Den hätte er in jeder Schachpartie nach dem zehnten Zug mattgesetzt. Er war nur knapp der Sonderschule entgangen. Na ja, ganz so schlimm war's nicht. Aber seine Zeugnisse auf der Hauptschule waren höchstens mittelmäßig. Der hatte nicht studiert, o nein, nicht einmal einen einfachen Beruf hatte er erlernt. Nur ein Berufsvorbereitungsjahr hatte er hinter sich gebracht. Das zählte nicht als Ausbildung. Diese Maßnahmen ergriffen Arbeitsämter und Schulen, um die Statistiken von zuvielen Arbeitslosen zu bereinigen. Die saßen dort wie in einem Wartesaal. Weil man nichts anderes für sie hatte. Dieser ungebildete Nichtsnutz, dieser Benjamin Wagner, führte jetzt die Ermittlungsbehörden seit gut 72 Stunden an der Nase herum. War samt Lkw vom Erdboden verschwunden. Einsatzleiter Riegel wünschte sich andere

Gegenspieler. Aalglatte, hochbegabte Bombenbastler. Und Umstürzler. Sie verhielten sich logisch, waren vorausberechenbar. Dieser Wagner hingegen hatte noch nicht einen einzigen logischen Schritt getan. Nichts ergab einen Zusammenhang, nichts eine Linie.
Im Vorzimmer spuckte die Kaffeemaschine heiße Luft aus. Gleich würde Rosa Winter hereinkommen und ihm wortlos eine dampfende Tasse Kaffee hinstellen. Er reckte das Kinn hoch und schälte eine Schicht Rasierschaum vom straff gespannten Halsgewebe.
Die Sprechanlage sprang an. Rosa Winters Stimme klang aufgeregter als sonst. »Herr Riegel, der Innenminister für Sie.«
Er drehte sich eine Spur zu schnell zum Telefon. Verflucht!
»Kann ich Ihnen helfen, Herr Riegel?«
»Ja«, brüllte er ungehalten, »bringen Sie mir ein Pflaster, ich habe mich geschnitten!« Er hob ab und wischte gleichzeitig mit dem Handtuch den Rasierschaum von seinem Gesicht, ganz so, als sei er über ein Sichttelefon mit dem Innenminister verbunden und könne von ihm gesehen werden.
Der Innenminister hielt sich nicht mit Vorreden auf. »Was ist? Haben Sie Ergebnisse, Riegel?«
Der Einsatzleiter schluckte.

8

Eine nasse, kalte Nase schnüffelte an seinem Gesicht. Dann leckte eine rauhe Zunge seine Stirn ab und durchfurchte sein rechtes Ohr. Vorsichtig öffnete Bennie ein

Auge. Er war mit einem kleinen Dackel aufgewachsen und fürchtete sich nicht vor Hunden. Aber wer sagte ihm, daß das kein Wolf oder Fuchs war?
Reglos blieb Bennie auf dem Waldboden liegen, bis der betäubende Nebel über seinem Verstand sich hob. Es gab hier keine Wölfe. Doch die Gewißheit, daß sein Gesicht von einem Hund abgeschleckt wurde, machte ihn auch nicht glücklich. Er stellte sich einen Jagdaufseher dahinter vor. Vielleicht würde er gleich schon in ein doppelläufiges Schrotgewehr blicken.
»Bruno! Bruno!«
Die Stimme einer Frau. Eines Mädchens. Eigentlich hätte er jetzt erleichtert aufstehen können, aber er brachte es nicht fertig. Seine Knochen waren schwer. Er fühlte sich wie ein Stück des Waldes. Er war zu einer Wurzel geworden. Wartete nur darauf, daß Blätter ihn zudecken und begraben würden. Er hörte den aufgeregten Atem des Mädchens.
»Bruno! Bruno, was hast du denn da? Ach du lieber Himmel, hoffentlich ist der nicht tot!«
Schon war sie bei ihm und beugte sich über ihn. Fast ängstlich wartete er auf die erste Berührung. Er stellte sich vor, sie würde ihn bei den Schultern anfassen und versuchen, ihn rumzudrehen. Doch das tat sie nicht. Sie griff ihm in die Haare und befreite sein Gesicht von Blättern, Dreck und Blut. Fast kam es ihm vor, als würde sie ihn streicheln. Er wagte es jetzt, beide Augen zu öffnen.
»Was ist dir passiert?«
Er versuchte, sich aufzurichten. Sie half ihm dabei. Bruno, der pechschwarze Bastard, wedelte vergnügt mit dem Schwanz.
»Ich dachte, sie hätten dich nicht mehr erwischt . . . Haben sie dich zusammengeschlagen?«

Erst jetzt erkannte er sie. Na klar, das Mädchen aus der Kneipe. Die langen Fingernägel waren noch immer nicht abgebrochen. Aber ihre Augen lagen nicht mehr so tief, dadurch wirkte sie weniger traurig als am Abend zuvor. Sie war ungeschminkt. Eigentlich wollte er sie fragen: Bist du noch sauer auf mich? Doch er hörte sich sagen: »Hast du Ärger gekriegt wegen mir?«
Sie schüttelte den Kopf. »Ich nicht. Aber ich fürchte, du hast Ärger mit unseren Gästen gekriegt.«
»Nein, die waren das nicht.«
»Wer dann? Bist du überfallen worden?«
Er stand auf, schüttelte den Kopf und flachste: »So was füge ich mir immer selber zu. Ich kann mich nämlich nicht leiden.«
Es sollte wie ein Scherz klingen, aber es hörte sich an wie die Wahrheit.
»Ist das dein Lastwagen dahinten?«
»Wie man's nimmt . . .«
»Du hast ihn geklaut.«
»Wie kommst du darauf?«
»Würdest du sonst hier parken?«
»Wohl kaum.«
Sie schien überhaupt nicht sauer auf ihn zu sein. Sie trug einen viel zu weiten Parka und kniehohe Gummistiefel. Sie nahm ein Päckchen Kaugummi aus ihrer Tasche und schob sich einen Streifen in den Mund. Seine Blicke verrieten alles. Stumm hielt sie ihm das Päckchen hin. Ohne zu zögern griff er zu. Alles andere wäre ihm lieber gewesen. Schließlich brauchte er etwas für den Magen und nicht für die Zähne. Sie gingen ein Stück nebeneinander her, und Bruno schnüffelte an Bennie herum wie an einem alten Freund.
»Du bist von zu Hause abgehauen, stimmt's?«

»Hm.«
»Ich würd's auch gern. Jeden Tag vor dem Aufstehen sage ich mir: Susanne, morgen haust du bestimmt ab! Und dann, dann tue ich doch wieder, was man mir sagt.«
»Gehört euch der Laden?«
»Meinem Vater. Und ich darf dort putzen, servieren, kochen – und den Hund spazierenführen.«
Das Kaugummikauen wurde zur Qual. Der fruchtige Himbeergeschmack machte ihn noch hungriger. Ihm war, als würde sich gleich literweise Speichel in seinem Mund bilden. Doch wenn er schluckte, war es ein trockenes, würgendes Schlucken. Es beeindruckte ihn, daß sie so gar keine Angst vor ihm hatte. Lag es an Bruno, oder wirkte er nicht wie einer, vor dem man sich fürchten mußte?
»Du könntest jetzt ein heißes Bad vertragen und ein Frühstück mit zwei Eiern, stimmt's?«
»Ich würde dafür einen Arm geben.«
»Na, na, na.«
»Gut, sagen wir, einen Finger.«
Als hätte der Gedanke nahegelegen, sagte Susanne: »Zu mir kannst du nicht. Meine Eltern würden es merken. Aber es gibt oben im Wald ein verlassenes Haus ... Es gehörte dem Jagdaufseher.«
»Und was ist mit dem?«
»Der ist tot.«
»Und das Haus?«
»Ach, es liegt mitten im Wald, kein Mensch kümmert sich drum. Es ist alt und verfallen. Keine Luxusvilla.«
»Seh ich aus wie einer, der Luxusvillen gewöhnt ist?«
»Nee. Wie heißt du eigentlich?«
»Ich? – Bennie. Zeigst du mir das Haus?«
»Klar, komm mit.«
Sie beschleunigte ihre Schritte, begann plötzlich zu ren-

nen, und er rannte hinterher. Ganz so, als wüßte Bruno, wohin die beiden wollten, stürmte er an ihnen vorbei.
Das Haus war wirklich verfallen. Gut die Hälfte vom Dach war abgedeckt. Ein Brand im Dachstuhl hatte eine Außenwand zerstört und fast alle Dachbalken angekokelt. Im Raum darunter lagen Glassplitter, Bierdosen, Zigarettenkippen, und es roch nach Urin. Mehrere vor sich hinfaulende alte Matratzen und halb abgebrannte Kerzen auf Weinflasche deuteten darauf hin, daß dieses Waldhaus als Liebeslaube für Pärchen herhielt. Alles, was man zerschlagen konnte, war auch zerdeppert. Sämtliche Kacheln im Bad, alle Scheiben, Lampen, Glühbirnen waren kaputt. Selbst das Waschbecken und die Kloschüssel hatte jemand in Stücke gehauen.
»Wer war das?« fragte Bennie ein bißchen eingeschüchtert.
»Besoffene«, antwortete Susanne, und es klang gleichgültig. Sie war betrunkene Männer gewöhnt. Spätestens ab 22 Uhr ließ ihr Vater sich vollaufen, und ungefähr von dem Zeitpunkt an gab es in der Dorfkneipe keinen nüchternen Gast mehr. Sie kannte die Reden, die die Männer dann führten, wußte, wie sie sich gegen zudringliche Hände zur Wehr setzen konnte, und begriff nie, warum Männer so etwas taten.
Frauen betranken sich in der Dorfkneipe nur selten. Sie taten es unbeobachtet zu Hause. Frauen, die in der Öffentlichkeit soffen, wurden hier verachtet. Auch von den Frauen, die heimlich zu Hause tranken. Susannes Welt bestand aus Alkoholikern und aus solchen Leuten, die es noch nicht ganz geschafft hatten, welche zu werden.
Bennie fand diesen Ort ekelhaft und angsterregend. Aber er fühlte sich verpflichtet, ihn als Unterschlupf anzunehmen. Es war wie ein Geschenk, das man nicht zurückwei-

sen konnte, ohne den Gebenden zu beleidigen. »Meinst du, ich könnte den Lastwagen hier unterbringen?«
»Wenn du dich nicht von ihm trennen willst ... Du kannst ihn schlecht auf dem Waldweg stehenlassen. Neben dem Haus ist eine Scheune. Vielleicht paßt er da rein.«
»Ja. Vielleicht.«
Bruno schnüffelte in einer Ecke aufgeregt herum, hob dann ein Bein und markierte die Stelle mit einem warmen, dampfenden Strahl.
»Ich muß gehen. Sie denken sonst, daß ich mich ums Gemüseputzen drücken will.«
»Ja geh nur – ich danke dir sehr. Verrätst du mich auch nicht?«
»Meinst du, dann hätte ich dir erst dieses Haus gezeigt?«
»Nein. Entschuldige.«
Sein Magen knurrte so laut, daß sie Bennie erschrocken ansah. Und als er entschuldigend mit den Schultern zuckte, sagte sie: »Ich kann dir nachher etwas zu essen bringen. Aber erst so in zwei, drei Stunden.«
Er wischte sich die Haare aus der Stirn und sah verlegen zu Boden. Hunger, dachte er, ist etwas Erniedrigendes. Macht einen klein. Dankbar für Almosen. »Ich kann nichts dafür bezahlen.«
Sie lachte zum ersten Mal laut auf. »Das hab ich gemerkt!« Sie verschwand, und Bruno folgte ihr.
Bennie blieb im Mief des Innenraums stehen und blickte durch die herausgehauene Fensterscheibe hinter ihr her. Ob sie bemerkt hatte, daß er wahnsinnig war? Hoffentlich nicht.

9

Vermutlich wäre es einfacher gewesen, den Lkw durch die Bretterwand der Scheune hindurchzufahren, als das morsche Scheunentor für ihn zu öffnen. Doch dafür war Bennie zu ordentlich erzogen. Er wollte auf keinen Fall etwas kaputtmachen. Das Tor klemmte, und die rostigen Scharniere quietschten. Aber der Wagen paßte ganz hinein. Hier würde höchstens ein rumstreunender Penner oder ein Liebespärchen auf den Wagen stoßen.

Im Badezimmer funktionierte zwar nichts mehr, aber aus dem Brunnen vor dem Haus schöpfte Bennie Wasser, das lehmig roch und bräunlich aussah. Zum Waschen reichte es. Eine verdreckte Ecke des Hauses fegte er mit zusammengebundenen Zweigen aus und suchte eine halbwegs getrocknete Matratze. Dann sammelte er Kerzenstummel ein und häufte sie neben der Matratze zu einem kleinen Berg.

Die dunklen Ecken des Hauses flößten ihm Angst ein. Dieses Gemäuer war voller fremder Geräusche. Vermutlich Ratten. Hier konnte der Geburtsort für tausend Gruselgeschichten liegen.

Ein daumendickes, armlanges Kupferrohr, das aus der Wand stand, klopfte Bennie vom bröckeligen Putz frei und schob es wie ein Schwert in seinen Hosenbund. Jetzt fühlte er sich bewaffnet. Nicht mehr ganz so wehrlos. Aber gegen den Hunger half es nicht.

Aus Märchen kannte Bennie die Kinder, die sich tagelang von den Früchten des Waldes ernährten, aber er wäre hier glatt verhungert. Fast hätte er einen fleischigen Pilz gegessen. Er roch verlockend. Aber Bennie verstand nichts von Pilzen. Vielleicht würde ihn der da umbringen ... Er fand ein paar Nüsse und Bucheckern. In der gebückten

Haltung wurde ihm schwindlig. Er hörte Stimmen und rannte weg.
Als er in die Scheune zurückging, um die Pferdedecken aus dem Lkw zu holen, wurde ihm beim Anblick des Radios klar, daß sein Feind nicht mit einem Kupferrohr zu bekämpfen war. Seine schlimmsten Gegner saßen in ihm drin: Wahnsinn und Hunger.
Allein die Nähe des Radios ließ Bennies Knie butterweich werden. Er mußte sich an der Tür und am Lenkrad festhalten, um nicht hinzufallen. Während er mit sich kämpfte, ob er den Radioknopf herumdrehen sollte oder nicht, hörte er Susannes Stimme. Dann bellte Bruno.
Er rannte ums Haus. Sie stand bereits in seiner wohnlichen Ecke, die Fäuste in die Hüften gestemmt und an ihren Füßen mehrere Plastiktüten, an denen Bruno gierig schnupperte.
»Hau ab, Bruno! Laß das! Die Sachen sind nicht für dich!«
»Hallo.«
»Ich hab dir etwas zu essen mitgebracht.«
Ohne noch eine weitere Aufforderung abzuwarten, nahm Bennie sich die erste Tüte, ließ sich damit auf die Matratze fallen und kippte den Inhalt aus. Drei Äpfel, fast ein halbes Pfund Brot, zwei belegte Brötchen, mehrere Frikadellen, eine Familienflasche Cola. Er war reich! Gerettet! Mit drei Bissen verspeiste er das erste Brötchen. Das Schwindelgefühl ließ nach, die Lebensgeister kamen zurück und sein Humor auch.
Aus einer anderen Plastiktüte zog Susanne eine Thermosflasche, schraubte sie auf und goß heißen Kaffee in einen Plastikbecher. Bennie verbrannte sich daran Lippen und die Zunge, aber er schluckte dankbar. Es machte ihr Spaß, ihm zuzusehen. Mit einer Hand stopfte Bennie sich

wieder den Mund voll, mit der anderen wehrte er Brunos vorsichtigen Vorstoß auf die Frikadellen ab.
Als der schlimmste Hunger gestillt war, und er noch einen Becher Kaffee hinterhergoß, sah er sie mißtrauisch an und fragte: »Warum tust du das für mich?«
Sie zuckte mit den Schultern und tat, als sei es selbstverständlich. Es mußte ein schönes Gefühl für sie sein, einen Hungernden zu füttern, und außerdem mag sie mich, dachte er, aber das kann sie nicht sagen.
Ihre Blicke trafen sich. Sie tat so, als sei es ein Versehen. Abschätzend ließ sie ihre Blicke jetzt durch den Raum schweifen. Nach einer langen Pause sagte sie dann: »Willst du dich hier häuslich einrichten?«
»Mal sehen.«
»Bist wohl menschenscheu, was?«
»Hm.«
»Andere laufen von zu Hause weg, um mal was zu erleben, und du versteckst dich hier vor der Welt. Mit deinem geklauten Lastwagen. Warum läßt du die Kiste nicht hier stehen und ziehst weiter?«
Erschrocken über seine eigene Offenheit sagte er: »Ich höre Stimmen aus dem Radio.«
Sie lächelte ihn breit an. »Das geht den meisten Menschen so.«
»Ja, aber sie reden zu mir.«
»Du spinnst ja.«
»Das ist kein Witz. Ich höre wirklich Stimmen aus dem Radio. Sie sprechen zu mir. Ich glaube, ich bin wahnsinnig.«
Er traute sich nicht, sie anzusehen. Aber ihre Stimme hatte nichts von ihrer freundlichen Leichtigkeit verloren. »Was ziehst du hier für eine Show ab? Willst du damit Eindruck auf mich machen?«

»Nein. Es stimmt wirklich.«
»Ja gut, es stimmt. Mach dir nichts draus. Bei mir vor dem Fenster landet manchmal ein Ufo, und dann holen sich mich für ein paar Stunden zu sich ins Raumschiff. So freundliche, kleine, grüne Männchen, verstehst du? Eigentlich ganz putzige Kerle. Wenn sie nicht so übel riechen würden.«
Ihr Scherz hellte sein Gesicht nicht auf. Er wirkte plötzlich düster, in sich gekehrt, brütend. Schon ärgerte sie sich, daß sie überhaupt gekommen war. Sie hatte noch gut eine halbe Stunde Zeit, doch sie beschloß zu gehen.
»Also, tschüs dann.«
Sein Kopf schien lose am Körper zu baumeln. Er sagte es nicht zu ihr, sondern mehr zum Fußboden oder zu sich selbst: »Bitte geh noch nicht.«
Sie blieb stehen, drehte sich aber nicht zu ihm um. Ohne sie anzusehen oder lauter zu werden, wiederholte er den Satz langsam.
Immer noch von ihm abgewandt fragte sie leise gegen die Wand zurück: »Warum?«
»Ich hab Angst.«
Obwohl er die Hälfte des Satzes verschluckte, verstand sie ihn gut.
»Wovor?«
»Vor mir.«
Fast wütend drehte sie sich zu ihm um: »Fang jetzt bloß nicht wieder mit dem Unsinn an, daß du Stimmen aus dem . . .«
Er sprang auf, brüllte: »Wenn ich die Stimmen noch einmal höre, bringe ich mich um! Jawohl, dann bring ich mich um!«
Sein Blick hatte etwas Tierisches. Sein Gesicht wirkte plötzlich ausgezehrt. Sein Kopf, der eben noch so schlaff

am Körper gehangen hatte, reckte sich ihr straff entgegen. Jede Faser seines Körpers schien gespannt. Die Augen traten hervor. Seine Bewegungen waren abgehackt. Marionettenhaft. Er suchte nach Worten, Ausdrücken, fand sie aber nicht. Ihr wurde ein bißchen mulmig zumute, und sie vergewisserte sich mit einem Blick, ob Bruno noch im Raum war.

Plötzlich sackte Bennie wieder in sich zusammen, sein Körper erschlaffte, er ließ sich auf die Matratze fallen und kroch in die äußerste Ecke. »Hast du jetzt Angst vor mir?«

»Nein. Möchtest du das?« keifte sie und ärgerte sich gleich über den Ton ihrer Stimme. Sie wollte ihn nicht so anfahren. Er sah wirklich verzweifelt aus.

Er begann zu weinen. Seine Tränen stimmten sie sofort milde. Er schämte sich entsetzlich, vor ihren Augen zu weinen, doch sie fand, daß die Tränen für ihn sprachen. Während Bruno sich ungestört über die Frikadellen hermachte, setzte sie sich neben Bennie auf die Matratze. Zu gern hätte sie ihren Arm um ihn gelegt, um ihn zu trösten. Aber sie traute sich nicht.

Sie schwiegen lange. Was ihn lähmte, war die gräßliche Angst, die einen überwältigt, wenn man im Meer zu weit hinausgeschwommen ist und plötzlich erkennt, daß man keine Kraft mehr hat, um zurückzuschwimmen. Das Wissen um diese Angst war ihm für kurze Zeit verlorengegangen. Sonst wäre er nicht so weit gekommen. Er wußte, daß er der typische Nichtheld war. Ein Ausweichler. Der zwar Anlauf nimmt, aber nie springt, aus Angst vor einer verunglückten Landung. Sein Leben, obwohl gerade erst begonnen, war schon ein langsames Aufhören geworden. Ein Erlöschen. Doch jetzt wütete ein Waldbrand in ihm.

10

Martin Wildmüller genoß alles, auch seine schlechte Laune. In der Kantine konnte sie nur verstärkt werden. Hierhin ging er nie, wenn er gut drauf war.
Er ließ sich einen Campari-Soda geben, weil er wußte, daß das Zeug hier wie Spülwasser schmeckte. Er wollte sich noch eine Weile über diesen Schwachkopf von Bochner ärgern. Er nippte an seinem Campari und schüttelte den Kopf: Lehrer! Das konnte nur ein Lehrer bringen! Rief dieser Kerl doch tatsächlich über seinen Sender die Jugend des Landes auf, enthaltsam zu leben, nicht zu rauchen, nicht zu trinken und verdammte vorehelichen Geschlechtsverkehr als unverzeihliche Sünde. Mit ein bißchen Glück hatte es auf die Hörer wie eine Satire auf einen moralisierenden Oberlehrer gewirkt. Jedenfalls durfte so etwas nicht mehr passieren. Er mußte in Zukunft seine Gesprächspartner noch besser impfen. Überhaupt hatte dieser Bochner nichts gebracht. Die Stimme der Mutter hatte er vorsichtshalber auf Konserve. Die würde er heute nachmittag einblenden, und es noch einmal ganz alleine versuchen.
Soviele Gedanken hatte er noch nie auf eine Story verschwendet. Was nicht gleich gelang, ließ er meist ganz. Er verbiß sich nie in eine Geschichte, galt mehr als einer, der absahnte, was andere aufbereitet hatten. Er wollte diesen Knüller exklusiv, und er wollte dem Innenminister zeigen, daß er jemand war, den man ernstnehmen mußte. Er ließ sich nicht wie ein kleiner Junge behandeln. Nicht vom Minister und erst recht nicht von diesem Riegel. Im Grunde bremsten die beiden ihn nur mit ihren idiotischen Geheimhaltungsauflagen.
Wenn ich nicht deutlicher werde, dachte er, schaffe ich es

nie. Ich müßte Bennie direkt auf die Fässer ansprechen dürfen. Panik hin, Panik her. Nur so könnte ich die Einschaltquoten hochschrauben. Diese ständige Sucherei nach einem Typen, den keiner kennt, wird die Hörer schon bald langweilen.
Es wurde Zeit, daß die Zeitungen darüber schrieben. Es wunderte ihn sowieso, daß noch nichts durchgesickert war. Wie schafften die das, die Sache so geheimzuhalten? Eine gezielte Indiskretion wäre ihm jetzt sehr nützlich. Natürlich durfte nirgendwo der Hinweis fehlen, daß er, Martin Wildmüller von der *Wogenden Welle*, der einzige war, der einen Draht zu Bennie hatte. Aber diesen Draht gab es noch nicht, und genau das war sein Problem. Er kippte den Rest vom Campari und stolzierte ins Studio.

11

In die dritte Plastiktüte hatte Susanne alte Sachen gestopft: einen selbstgestrickten, flauschigen, rosa Pullover und eine rosa Cordhose. Er fand die Sachen erst jetzt, als er die Tüte nach etwas Eßbarem durchsuchte. Die meisten Köstlichkeiten hatte Bruno sich einverleibt. Es waren zwar Mädchenklamotten, aber sie paßten ihm einigermaßen und waren immer noch besser als die zerrissenen Sachen, die er am Leib trug. Der Pullover war weich und beruhigte ihn wie das Fell eines warmes Tieres. Die Hosenbeine mußte er umkrempeln, weil sie viel zu lang über seine Schuhe hingen.
Sie war wieder in die Kneipe ihres Vaters zurückgegangen. Doch Bennie war sich sicher, daß sie vorhatte, bei ihm zu bleiben. Wenn er nicht träumte, hatte er jetzt eine

richtige Freundin. Nicht so eine Ziege wie Martina, die nur an ihm herumnörgelte, ihn als Pausenclown benützte, als Notstopfen, wenn ihr Jürgen keine Zeit hatte, sondern eine richtige, eigene Freundin.

Was er brauchte, war ein Plan. Ein Plan, wie alles weitergehen sollte.

Er mußte den Wagen loswerden und ... ach was, wichtig war nur, daß er herausfand, was mit ihm los war. Funktionierte sein Kopf wieder oder brauchte er einen Arzt? Durch Susannes Nähe hatte er neuen Mut geschöpft. Mit einem vollen Magen und einem Menschen, der zu einem hält, wird die Angst erträglicher, dachte er und marschierte mit weit ausholenden Schritten entschlossen in die Scheune, riß die Wagentür auf und stellte sich dem Duell mit dem Radio. Wenn wenigstens erst ein paar Takte Musik gekommen wären! Aber nein, er drehte am Knopf und wurde sofort mit der Stimme seiner Mutter konfrontiert.

»... Bitte Bennie, du ahnst ja nicht, was du anrichtest. Sei wieder ein guter Junge. Alles wird wieder gut werden, wenn du dich nur meldest.«

»Ja, Bennie, das war deine Mutter. Ich weiß, mein Freund, daß du tief in der Patsche hängst. Aber Martin Wildmüller läßt seine Fans nicht hängen. Du gehörst zu den treuesten Hörern meiner Sendung. Ruf mich an, Bennie, alles läßt sich klären. Meine Nummer: null-zwei-zwei-eins, zwei-zwei-null-eins-vier.

Ich verabschiede mich erst mal von euch. Wir schalten jetzt um zu den Kollegen vom Auslandsjournal. Ich melde mich erst wieder um zwanzig Uhr. Mit Hits und News auf der *Wogenden Welle.*«

Diesmal wußte Bennie genau, was er tun mußte. Es gab nur eine einzige Chance, herauszufinden, ob er wahnsinnig war oder nicht. Er mußte diese Nummer anrufen. Ein winziger Lichtblick tauchte am düsteren Horizont auf. Vielleicht versuchten sie wirklich, über Martin Wildmüller mit ihm Kontakt aufzunehmen. Aber warum? Warum brauchten sie dazu Martina? Warum den Lehrer Bochner? Warum seine Mutter? Was war überhaupt so wichtig? Dieser Wagen mit den rostigen Fässern? Wohl kaum. Hier lief eine Geschichte ab, die er nicht durchblickte. Doch das hieß noch lange nicht, daß er übergeschnappt war. Er mußte diese Nummer anrufen! Null-zwei-zwei-eins, zwei-zwei-null-eins-vier.

Er rannte los. Es mußte im Dorf eine Telefonzelle geben oder auch im Nachbardorf. Egal. Erst nachdem er einige Kilometer gelaufen war, wurde ihm bewußt, daß er nicht einmal zwanzig Pfennig in der Tasche hatte für einen Anruf. Außerdem brauchte er viel mehr. Es handelte sich um ein Ferngespräch. Drei, vier Mark mußte er schon investieren.

Er stoppte seinen Lauf nicht gleich. Er verlangsamte ihn nur, bis er schließlich nur noch mit gesenktem Kopf schlich. Langsam bewegte er sich zum Waldhaus zurück. Er war geschlagen, ohne auf einen Gegner getroffen zu sein. Er mußte abwarten und Susanne bitten, ihm weiterzuhelfen. Er hatte keine Lust, wegen ein paar Telefongroschen irgendwo einzubrechen. Vielleicht hätte er das Geld erbetteln können. Aber er fühlte sich nicht stark genug, um jetzt fremde Leute anzusprechen und um Geld zu bitten. Die Angst, alle anderen Menschen könnten ihm ansehen, wie es um ihn stand, wurde übermächtig in ihm.

Die Angst, abgelehnt, verlacht und abgewiesen zu werden. Er mußte auf Susanne warten.
Die Wagentür stand offen, das Radio lief noch, als er die Scheune betrat. Sachlich, aber mit besorgtem Unterton in der Stimme berichtete ein Reporter über eine neue Hungerkatastrophe in Afrika. Er sprach von einem kleinen Land, dessen Name Bennie vorher nie gehört hatte: von Obertoga. Der Reporter beklagte sich darüber, dieses Land sei geradezu kahlgeholzt worden. Dann habe man Kaffee angepflanzt, nichts als Kaffee. Und eine schlimme Dürre habe fast eine Million Menschen aus ihren Dörfern vertrieben. Die gesunkenen Kaffeepreise auf dem Weltmarkt taten das ihre hinzu, und nun grassierte in Obertoga eine Hungersnot, die täglich Hunderte dahinraffte. Ein Hilfskonto wurde genannt, man bat um Spenden.
Bennie versuchte, sich gegen alle inneren Widerstände auf die Stimme im Radio zu konzentrieren. Er durfte vor ihr nicht weglaufen.
Der Gedanke daran, daß irgendwo auf der Welt Menschen an Hunger starben, machte Bennie wütend. Er verstand nichts von wirtschaftlichen Zusammenhängen und interessierte sich erst recht nicht für Politik. Aber alle Menschen waren Bewohner dieser Welt. Auf ihr gab es genug zu essen für alle. Wenn die Verteilung nicht funktionierte, dann waren dafür die Politiker verantwortlich. Hochbezahlte Leute. Wenn sie nicht in der Lage waren, die Sache in Ordnung zu bringen, mußten sie eben gehen, um anderen Platz zu machen. Er zum Beispiel suchte Arbeit. Er fand keine. Vielleicht war er nicht gebildet genug, um sich richtig auszudrücken. Aber wenn er die Machthebel in der Hand halten würde, hätte jeder genug zu essen. Die Sache mit dem Hunger in der Welt begann ihn zu interessieren, seitdem er auf der Flucht war und am eigenen

Leib kennengelernt hatte, was Hunger bedeutete. Kein richtiger Hunger. Er hätte noch Kraftreserven für viele Tage gehabt. Aber dies beißende Gefühl eines leeren Magens. Die Gedanken, die ständig ums Essen kreisten. Ja, das konnte einen wahnsinnig machen. Man durfte niemanden Hunger leiden lassen. Das war das schlimmste Unrecht auf der Welt. Er war nicht bereit, irgendwelche Entschuldigungen dafür zu akzeptieren. In seinen Augen war jede Ausrede faul.

Nach dem Bericht über Obertoga spielten sie Schlagermusik.

12

Warum machte Mutter immer gleich so eine Szene? Sie hatte eine dieser penetrant schrillen Stimmen, die einen automatisch weghören lassen. Außerdem kannte Susanne all ihre Belehrungen im voraus. Sie gehörte zu diesen überangepaßten Menschen mit erschreckend engstirnigem Normalitätsbegriff.

Wann hatte sie das Dorf schon mal verlassen? Sie lebte wie in Gefangenschaft, gebärdete sich aber Susanne gegenüber wie eine Aufseherin. Über die Pünktlichkeit von Susannes Regel wußte sie besser Bescheid als Susanne selbst.

Sie richtete ihr Leben ganz nach den Vorstellungen und Ansichten ihres Mannes ein. Zuerst kamen die Notwendigkeiten der Gaststätte. In fast sklavischer Ergebenheit erfüllte sie die Wünsche ihres Gatten und verlangte von Susanne, ihr dabei nachzueifern.

Merkte sie nie, wie abhängig er von ihr war? Nur ein ein-

ziges Mal hatte Susanne es gewagt, diese Frage anzuschneiden. »Wenn eine von uns geht, ist Papi erledigt. Er steht doch nur hinter der Theke und zapft Bier. Alles andere machen wir beide. Kochen, putzen, servieren . . . und wenn nur eine von uns geht, bricht sein Geschäft auseinander. Billigere Arbeitskräfte als uns beide findet er nicht. Und teuerere kann er sich nicht leisten.«
Die zwei Ohrfeigen hatte sie kommentarlos weggesteckt. Die Wahrheit ist manchmal eine Ohrfeige wert, dachte sie.
»Da steckt dieser Kerl dahinter!« keifte Mutter und zupfte mit spitzen Fingern an Susannes Kleidung, als könnte sie ihren Verdacht so erhärten. Als suche sie Beweise im Stoff. »Meinst du, ich habe das nicht bemerkt? Wo ist die Thermosflasche? Daß ich das noch erleben muß! Mit drei Plastiktüten zieht das Kind ab, schleppt mir die sauer verdienten Sachen aus dem Haus! Das muß ein feiner Kerl sein, den du dir da aufgegabelt hat. Früher haben die Jungs die Mädels ausgehalten. Ist das heute umgekehrt? Mußt du heimlich für ihn Essen klauen? Wer ist es? Friedhelm?«
Zwar standen Susanne die Tränen in den Augen, doch jetzt lachte sie hell auf, wie befreit. Friedhelm! Das war nun doch zu lächerlich! »Mehr als den Dorfidioten traust du mir wohl nicht zu!«
Drohend fuchtelte die Mutter mit dem Zeigefinger vor Susannes Augen hin und her. »Ich sag's Vater. Ich sag's ihm, jawohl!«
»Nein, bitte nicht, Mama.«
Susannes Flehen brachte sie erst recht in Rage. »Also ist etwas Wahres dran! Also bist du zu einem Kerl gegangen! Ich wußte es! Mein Mutterinstinkt trügt mich nie.«
»Bitte, sag's ihm nicht.«

Die Mutter überlegte. War sie gemein genug, um jetzt Bedingungen zu stellen? Nein, für so niederträchtig hielt Susanne sie nicht. Sie war selbst ein Opfer.
»Du hast Stubenarrest.«
»Aber ich – für wie lange?«
»Bis du wieder vernünftig geworden bist.«
»Mutter, bitte – für wie lange?«
»Bis ich dir sage, daß du das Haus wieder verlassen kannst. Du wirst deine Arbeit tun, freundlich zu den Gästen sein und niemanden etwas merken lassen. Und die Zeit dazwischen verbringst du in deinem Zimmer, klar?«
Susanne nickte stumm. Schon in der Tür, drehte Mutter sich noch einmal um, warf einen milden, fast um Verzeihung bittenden Blick auf ihre Tochter und sagte: »Ist es der Zechpreller?«
Susanne wußte, daß es keinen Sinn hatte zu lügen. Wem sonst hätte sie etwas zu essen gebracht? Sie nickte stumm und sah vor sich auf die Erde.
»Wußte ich's doch! Läuft einem nach, der ihren eigenen Vater bestiehlt!«
»Er hatte Hunger!« brüllte Susanne hinter ihrer Mutter her. Hart fiel die Tür ins Schloß. Susanne warf sich auf ihr Bett und heulte. Weil sie nicht wollte, daß man sie weinen hörte, schaltete sie das Radio neben ihrem Bett ein. Sekunden später wußte sie, daß Bennie nicht gelogen hatte.

13

Ich muß zu ihm. Ich muß es ihm sagen. Du bist nicht wahnsinnig, Bennie! Sie suchen dich tatsächlich durchs

Radio. Sie versuchen, zu dir Kontakt aufzunehmen. Was hast du nur angestellt, daß du für sie so wichtig bist?
Sie stand am Fenster und starrte zum Tannenhügel hinüber. Dort hinten, von hier aus nicht einsehbar, lag das verfallene Waldhaus des toten Jagdaufsehers. Wie eine magische Formel hauchte sie es immer wieder gegen die Fensterscheibe: »Bennie. Bennie. Bennie.«
Mit wievielen Betonungen man dieses Wort aussprechen konnte ... Wieviele Versprechungen ... Wieviele Bitten ... Wieviele unerfüllte Wünsche ... Bennie. Gab es einen schöneren Namen?
Sie hatte keine Ahnung, worum es ging. Aber sie wollte zu ihm halten. Vermutlich war er keiner von den Guten. Von den aufrechten Helden, die immer im Mittelpunkt stehen und Orden für ihre Taten bekommen. Aber er war bestimmt keiner von den Schlechten, Verschlagenen, Bösen. Die am Unheil der anderen verdienen. So einer war er auch nicht.
Von unten schrillte eine Stimme: »Susanne! Gäste!!«

14

Als sei die Erdanziehungskraft plötzlich zu stark geworden oder die Batterie zu schwach, hingen beide Zeiger schlapp herunter und zeigten auf die Sechs. Geradewegs nach unten. Wenn nicht mal mehr die Uhren funktionieren, dachte Riegel, ist es weit gekommen. Rosa Winter, seine ständige Mitarbeiterin, war Riegels Marathonarbeiten gewöhnt. Wenn er einmal eine Spur aufgenommen hatte, jagte er sein Wild ohne Rücksicht auf den Acht-Stunden-Tag seiner Mitarbeiter. Aber so mitgenommen und entnervt wie jetzt hatte sie ihn noch nie gesehen. Auch sie war fertig. Ihr Äußeres hielt sie immer peinlich in Ordnung. Notfalls legte sie alle halbe Stunde ein neues Make-up auf. Aber jetzt war ihr Lidstrich um die Augen herum verschmiert. Ihr Bewegungen wirkten fahrig und unkonzentriert. Beim Rauchen verteilte sie ihre Asche rund um sich herum, hüstelte nach jedem Zug und räusperte sich, als erwarte sie jeden Augenblick das Versagen ihrer Stimme.

Mißtrauisch beobachtete Riegel sie. Vielleicht wird sie einen Nervenzusammenbruch kriegen oder kündigen, dachte er. Wahrscheinlich brauchte sie nur ein paar Stunden Schlaf, um wieder ganz die alte zu werden.

Das schrille Klingeln des Telefons war noch nicht verhallt, als er den Hörer von der Gabel riß. Er erschrak selber über seine Blitzreaktion. So zog man eine Waffe, aber so griff man nicht zum Hörer . . .

Die brüske Stimme des Innenministers riß ihn ohne Vorwarnung aus seinen Überlegungen. »Es steht schon in den Abendzeitungen! Wir werden jetzt Ärger kriegen! Furchtbar viel Ärger! Wer hat eigentlich diesen Radiofritzen eingeweiht? Ich wette, daß der geplaudert hat!«

»Herr Innenminister . . . ich . . . also . . . wir . . . ich . . . ich . . . nicht . . .«

»Jemand muß ihn eingeweiht haben!« brüllte der Innenminister.

»Sie haben selbst mit ihm gesprochen.«

»Ja natürlich, aber wer hat ihn informiert?«

»Also, das war so . . . ich war da noch gar nicht Einsatzleiter . . . wir wußten überhaupt noch nicht, wie brisant . . .«

»Wer?«

»Wir dachten zunächst . . .«

»Wer?«
»Als wir sein Zimmer in der elterlichen Wohnung durchsuchten, fanden wir dort die Adresse von dieser Redaktion ... *Wogenden Welle*, Sie wissen schon. Dieser Martin Wildmüller. Folglich vermuteten wir, daß er dort seine Forderungen stellen würde. Die meisten Terroristen wenden sich mit ihren Forderungen zunächst an eine Zeitungsredaktion ... dpa ... oder einen Rundfunksender ... Wir wollten früh genug sein, um vielleicht eine Fangschaltung ... Dann fanden sie im Archiv stapelweise Briefe von ihm, und die Sache bekam eine sonderbare Eigendynamik. Man muß dem Herrn Wildmüller wohl ein gewisses Eigeninteresse unterstellen.«
»Es war eine reine Blödheit der ermittelnden Behörde!«
»So würde ich das nicht sagen, Herr Innenminister. Immerhin haben die Beamten ihre Pflicht ...«
»Und jetzt haben wir den Salat! Da wird völlig unnütz Staub aufgewirbelt. Am Ende stellt sich noch heraus, daß dieser Benjamin Wagner einer dieser spinnerten Umweltschützer ist. Dann sind wir die Gelackmeierten. Um einer Kritik vorzubeugen, müssen wir jetzt die beiden Lastwagenfahrer festnehmen und irgend jemand in der Firma.«
»Also, Herr Innenminister, das ist nun wirklich nicht meine Aufgabe. Das muß der Staatsanwa ...«
»In dreißig Minuten beginnt die Konferenz der Innenminister der Länder. Falls Sie Ergebnisse aufzuweisen haben, können Sie mich noch während der Sitzung informieren. Ich werde nicht umhinkommen, jetzt die Kollegen ... Ja, sofort, ich komme ... Also, ich nehme an, Sie haben mich verstanden, Riegel.«
Klack. Aufgelegt. So einfach war das. So delegierte man Verantwortlichkeiten und Schuldzuschreibungen. Riegel hielt den Hörer noch zwischen den schwitzigen Fingern.

Er atmete einmal tief durch und legte ihn dann sorgfältig und sehr bewußt auf die Gabel zurück. Er brauchte alle Konzentration, um diese kleine Handlung unauffällig hinter sich zu bringen. Er war froh, es geschafft zu haben, ohne Rosa Winter mit einem wütenden Fluch aufzuschrecken. Wutausbrüche paßten nicht zu einem klugen, analytischen Kopf wie ihm. Er haßte solche Emotionen. Und er versuchte, sie auf jeden Fall zu unterdrücken. Aber er war nicht der Mülleimer des Innenministers. Er leitete eine hochspezialisierte, perfekt ausgebildete Eliteeinheit. Er verhaftete keine Lastwagenfahrer. Damit hatte er nichts zu tun. Er und seine Leute stürmten gekidnappte Flugzeuge und entwaffneten die Geiselnehmer.
Ohne daß er darum gebeten hätte, legte Rosa Winter seine Blutdrucktabletten auf den Tisch. Ein Glas Wasser stellte sie daneben. Sie kannte ihn besser als seine Ehefrau. Auch wenn sie wie jetzt völlig übermüdet war, sah sie ihm an, wie es ihm ging, ahnte im voraus, was nötig war, um ihn bei Laune und arbeitsfähig zu halten.
Wortlos schluckte er zwei von den Tabletten und spülte mit Wasser nach. Etwas zu hart setzte er das Glas auf die Tischplatte. Verursachte das unangenehme Klirren seine Gänsehaut oder war es der Gedanke an die Zwickmühle, in der er sich befand? Hatte der Innenminister ihn gerade um einen Gefallen gebeten oder war das eine Dienstanweisung? Würde er später dazu stehen oder alles auf »untergeordnete Stellen« abwälzen? Und wenn Riegel gegen alle Gesetze dem Minister rasch einen vorzeigbaren Schuldigen präsentierte, würde der Minister sich dann eines Tages erkenntlich zeigen oder ihn später fallenlassen? Wenn sie Benjamin Wagner nicht bekamen, mußten sie jemand anderen festnehmen. Hauptsache, einer saß ein, das beruhigte die Menschen. Wenn man dann diesen

Wagner endlich hatte, konnte man immer noch alle anderen freilassen. Aber er würde das nicht machen. Nicht er. Er war ein Terroristenjäger. Punkt aus. Alles andere war Taktik, Politik. Da wollte er sich heraushalten. Ob dieser Schnösel Wagner überhaupt wußte, wie sehr er die hohen Regierungsmitglieder in Verlegenheit brachte? Vielleicht erschien er bald, um den Wagen zurückzubringen? Entschuldigung, war nicht so gemeint, nur ein kleiner Scherz. Bei dem Gedanken schmunzelte Riegel säuerlich. Alles war möglich, auch das. Viel hatte er nie vom Innenminister gehalten, aber langsam begann er, ihn zu hassen. Seine Art, mit Menschen und Problemen umzugehen, widerte Riegel an.

15

Es gab nur einen Grund für ihn, sich nicht zu stellen, sondern noch eine Weile versteckt zu bleiben: Susanne. Aber sie ließ ihn hängen. Verflucht, warum kam sie nicht?
Seine Hände krallten sich um das Kupferrohr, zu gern hätte er sich damit den Weg zu ihr freigekämpft. Aber er hatte keine Chance. Er war zum Warten verdammt. Bestimmt hatte in der Kneipe längst der Betrieb begonnen. Vermutlich servierte sie gerade ein Wiener Schnitzel mit einem Zitronenscheibchen obendrauf. Er stellte sich Eisbergsalat vor und schämte sich fast, weil er mehr ans Essen dachte als an Susanne. Auch wenn sie nicht kam – verraten hatte sie ihn jedenfalls nicht.
Ich muß Gewißheit haben. Ich brauche ein paar Mark zum Telefonieren.
Er kam sich blöd vor. Den Lkw vom Rastplatz zu klauen,

war ein Kinderspiel für ihn gewesen. Aber er wußte nicht, wie er an Münzen für ein Telefongespräch kommen sollte. Lächerlich das Ganze. Einfach lächerlich.
In die Dorfkneipe konnte er unmöglich gehen. Aber schon ein Dorf weiter kannte ihn niemand mehr ... Er sah an sich herunter. Mit den rosa Frauenkleidern war er für jede Lachsalve gut. Er gestand sich ein, daß er sich genierte. Außerdem was wäre, wenn Susanne in der Zwischenzeit ... Nein, er mußte schon abwarten. Je quälender das Warten wurde, um so größer wurde in ihm die Gewißheit, daß die Stimmen im Radio echt waren. Das alles hatte mit dem gestohlenen Auto überhaupt nichts zu tun. Lediglich seine Mutter hatte Angst bekommen, weil er abgehauen war. Angekündigt hatte er seine Flucht oft genug. Ihre Drohungen, sich dann das Leben zu nehmen, hatte er noch nie ernst genommen. Aber zweifellos hatte sie alle Hebel in Bewegung gesetzt, um ihn zurückzubekommen. Sie wußte, daß er seinen Lieblingssender fast ständig hörte. Oft genug hatte sie sich darüber beschwert. Aber wie war es ihr gelungen, Martina dazu zu bewegen, mitzumachen? Und warum spielte Martin Wildmüller mit, als ginge es um Leben und Tod? Ein Clou für die Sendung war das nicht. Unwahrscheinlich, daß seine Mutter Martin Wildmüller Geld geboten hatte. Sie waren keine reichen Leute. Das Wertvollste, was Mutter anzubieten hatte, waren ihre selbstgemachten Marmeladen ... Der Gedanke erheiterte ihn. Allein, eingehüllt in die Dunkelheit des Waldes und der verfallenen Gemäuer lachte er über die Vorstellung, daß seine Mutter mit ihren Einweckgläsern voller Marmelade vor Martin Wildmüller im Sender stand: Lieber Herr Wildmüller, bitte schön, mein Sohn ist mir weggelaufen. Würden Sie mir helfen, ihn zu suchen?

Noch gut eine Stunde verging. Dann machte er sich auf den Weg. Er wußte nicht, wie er es anstellen sollte. Aber er konnte das Warten nicht länger ertragen. Der flauschige Pullover von Susanne erschien ihm plötzlich gar nicht mehr so warm. Er versuchte, sich warumzurubbeln. Aber es war eine innere Kälte. Eine Kälte, die sich nicht durch reibende Hände, Feuer oder Zentralheizung vertreiben ließ.
Das wütende Gekläffe eines Hundes ließ ihn schneller laufen. Der Hund kam näher.
Mein Gott, das hat mir gerade noch gefehlt!
Mitten auf der Dorfstraße stand der Hund, den Kopf hochgereckt wie das Denkmal eines heulenden Wolfes und kläffte. Aber er lief nicht weiter. Er hatte den Unbekannten vertrieben, das reichte ihm. Blutrünstig war er zum Glück nicht.
Nie hatte Bennie geahnt, wie verlockend leuchtende Küchenfenster sein können. Dort brutzelte eine rundliche Frau Kartoffelpfannkuchen, zwei am Tisch lärmende Kinder zankten sich um eine Schale Apfelmus, ein Mann saß im Unterhemd mit einer Flasche Bier zwischen den Fingern dabei und sah zu, als ginge ihn das alles nichts an. Zu gern hätte Bennie sich einfach dort mit an den Tisch gesetzt. Es war nicht nur der herrliche Geruch, nicht nur der Hunger, der diesen Wunsch in ihm weckte. Dort war alles an seinem Platz. Vielleicht nicht zur allgemeinen Zufriedenheit, aber es bestand eine Ordnung, in der man sich zurechtfinden konnte. Während für ihn selbst alles unsicher geworden war. Da, wo er herkam, dorthin wollte er nicht zurück. Er erinnerte sich an den Satz aus den Bremer Stadtmusikanten: Etwas Besseres als den Tod werden wir überall finden.
So schlimm war es zum Glück nicht. Vor dem Tod

brauchte er nicht wegzulaufen. Der wartete erst in einer sehr fernen Zukunft. Er war siebzehn und niemand wollte ihn zum Schlachthof führen.

Er schlich von hinten an die Kneipe heran. Er stand geduckt und lugte in den Innenraum. Susanne servierte zwar kein Wiener Schnitzel mit Zitronenscheibchen, aber sie holte ein Tablett voller Bierstangen von der Theke und brachte es an den Stammtisch. Sie war höchstens zwei Meter von ihm entfernt und doch unerreichbar. Jetzt verschwand sie in der Küche. Er huschte an der Mauer entlang und sah durch ein anderes Fenster in die Küche hinein. Daß die Frau dort an der Friteuse ihre Mutter war, konnte er auf den ersten Blick sehen. Aber er erkannte noch mehr: Zwischen den beiden verlief ein tiefer Graben. Voller Mißtrauen. Sie wechselten Blicke wie Schwerthiebe.

Oje, dachte Bennie, sie haben es rausgekriegt. Susanne lehnte sich lässig an den großen Kühlschrank. Trommelte mit den Fingern dabei auf dem Tablett herum. Sie wartete auf etwas. Mit einer großen Geflügelschere brach die Mutter den Brustkorb eines braungebrannten Hähnchens. Sie konzentrierte dabei ihre ganze Körperkraft auf die Hände. Hob die Schultern geierhaft hoch und stellte sich auf die Zehenspitzen. Erst als das Hähnchen durchgeteilt war, entkrampfte sich ihre Haltung wieder. Zum Glück beachtete sie das Fenster nicht. Sonst hätte sie Bennies Gesicht gesehen. Gar zu nah brachte er seinen Kopf an die Scheibe. Mit spitzen Fingern hob die Mutter eine Hähnchenhälfte und ließ sie auf den Teller fallen. Gleich pustete sie dann auf ihre Fingerkuppen. Sie warf ein paar Pommes frites daneben, und fertig war die Portion.

Susanne zog den Mayonnaiseneimer zu sich heran, baggerte mit einem Suppenlöffel eine Portion heraus und

klatschte sie neben die Pommes frites. Schon flog die zweite Hähnchenhäfte auf einen anderen Teller und wurde mit zwei Salatblättern garniert.
Susanne nahm beide Teller und wollte damit die Küche verlassen. Sie stolperte aber, und eine Hähnchenhälfte und ein paar Pommes frites kullerten über den Boden. Außer sich vor Wut keifte die Mutter los, drohte mit erhobener Hand Schläge an, berührte Susanne aber nicht. Susanne starrte ihre Mutter wortlos an, wehrte sich nur mit Blicken. Die Mutter grabschte das Hähnchen von der Erde, legte es auf den Teller zurück, rückte die Pommes frites zurecht und brachte dann beide Portionen selbst in die Wirtsstube. Das war seine Chance. Er klopfte an die Scheibe. Aber Susanne merkte es nicht. Sie zog ein Taschentuch aus ihrem Kittel und tupfte sich die Augen ab. Entweder war ihr dunkles Make-up verwischt oder sie weinte.
Durch die verschmierten Fensterscheiben konnte Bennie das nicht so genau erkennen. Gerade wollte er fester anklopfen, da fegte die Mutter in die Küche zurück. Ihre Lippen waren schmal. Ihr Gesicht geierhaft. Er konnte ihre Worte nicht verstehen. Sie fuchtelte mit den Armen herum und zeigte mehrfach nach oben.
Bennie deutete ihre Gesten richtig. Sie schickte Susanne nach oben in ihr Zimmer. Obwohl er mit ihr litt, als sie so ausgeschimpft wurde, freute er sich, denn ihr Zimmer war unbeaufsichtigt. Er würde einen Weg hinein finden. Als Fassadenkletterer hatte er keine Übung. Aber er gab sein Bestes.
Obwohl in ihrem Zimmer nur Möbel standen, die von den Eltern nirgendwo gebraucht wurden, hatte es eine angenehme Atmosphäre. Als Bennie sich zu ihrem Fenster im ersten Stock hochhangelte, lag sie bereits mit düsteren

Gedanken auf dem Bett. Sie wollte in die Hütte, wußte aber, daß sie unmöglich ungesehen aus dem Haus kommen konnte. Außerdem schätzte sie, daß ihre Mutter es sich in spätestens einer halben Stunde noch einmal überlegen würde, denn dann würde es unten voll werden. Garantiert mußte sie wieder einspringen. Schließlich wollte die Mutter sie bestrafen, und sie nicht mit einem freien Abend belohnen.

Diesmal hörte sie das Klopfen an der Fensterscheibe. Sie wußte sofort, daß er es war. Das Fenster ging nach außen auf, und sie hatte Mühe es zu öffnen, ohne ihn dabei zum Absturz zu bringen.

»Bist du wahnsinnig? Wenn dich einer sieht!«

»Warum bist du nicht gekommen?«

»Ich habe Stubenarrest. Sie haben etwas gemerkt.«

»Ach du Scheiße.«

»Keine Sorge. Meine Mutter wird nichts verraten. Sie ist froh, einen Trumpf gegen mich in der Hand zu haben. Aber sie lassen mich nicht raus.«

»Komm einfach mit.«

»Das geht nicht.«

»Warum nicht?«

»Das weißt du selbst. Warum bist du gekommen?«

»Ich wollte dich sehen.«

»Ist das alles?«

»Nein. Ich brauche ein paar Mark zum Telefonieren.«

»Ich muß dir etwas sagen, Bennie.«

Es klopfte an der Tür. Draußen zeterte die Stimme der Mutter: »Sind das ganz neue Sitten? Schließt die Gräfin sich jetzt ein? Komm sofort runter! Wir müssen vier Portionen Feuerspieße machen. Die machen ihre Fraktionssitzung aus der Kreisstadt bei uns. Los, beeil dich!«

Bennie öffnete den Mund, aber Susanne legte zwei Finger

quer über ihre Lippen. »Leise!« Sie griff unter ihren Kittel in die Portemonnaietasche. Sie zog die schwarze Geldbörse heraus und griff einfach ins Wechselgeldfach. Sie gab ihm eine Handvoll Mark- und Pfennigstücke. Aber sie ließ nicht zu, daß er auch nur ein Wort dazu sagte. Jede Silbe wäre verräterisch gewesen. Sie wußte, wie hellhörig ihre Mutter war. Mit einem stummen Fingerzeig schickte sie ihn wieder hinaus.

»Was ist los?« bellte die Mutter vor der Tür. »Wird's bald oder muß ich dir Beine machen?«

Lautlos schloß Susanne das Fenster. Es zerriß sie fast, aber sie konnte nicht hinterherrufen: Bennie, du bist nicht wahnsinnig! Sie suchen dich wirklich! Ich hab es im Radio gehört!

Für einen Moment überlegte sie noch, ob sie diese Sätze nicht auf ein Blatt Papier schreiben und ihm runterwerfen sollte. Immerhin hing Bennie noch an der Hausfassade. Aber da klopfte ihre Mutter so energisch an die Tür, daß Susanne unterwürfig öffnete.

Die Mutter traf Susannes Gesicht nicht. Die angedeutete Ohrfeige hatte nur symbolischen Charakter. »Mach das nie wieder!«

16

Ganz so, als müsse er befürchten, die Nummer plötzlich zu vergessen, sagte er sie immer wieder laut auf, während das Geld durch den Schlitz in den Münzspeicher lief. »Null-zwei-zwei-eins, zwei-zwei-null-eins-vier. Null-zwei-zwei-eins, zwei-zwei-null-eins-vier.«

Im Licht der Telefonzelle fiel ihm auf, daß er den rosa

Pullover versaut hatte. Bei der Kletterei zu Susannes Fenster mußte er mit den Ellenbogen über eine besonders rußige, schmierige Stelle gerutscht sein.
»Null-zwei-zwei-eins, zwei-zwei-null-eins-vier.«
Ein Besetztzeichen. Immerhin. Eine Nummer, die besetzt war, existierte auf jeden Fall. Er versuchte es erneut. »Null-zwei-zwei-eins, zwei-zwei-null-eins-vier.« Besetzt. Zornig trat er mit dem Fuß gegen die Telefonbücher, die träge in ihren Scharnieren hingen. Sie hopsten hoch, flatterten wie aufgeschreckte Vögel und rasteten dann wieder ein.
Wieder wählte er, und diesmal kam er durch. Eine Frauenstimme meldete sich. »Redaktion der *Wogenden Welle* hier.«
»Ich möchte mit Martin Wildmüller sprechen.«
»Wie heißen Sie? Ihren Namen, bitte!«
»Bennie.«
»Was glauben Sie, wieviele Bennies hier anrufen?«
»Was soll das heißen?«
»Sagen Sie mir bitte Ihren Nachnamen. Sonst kann ich Sie nicht mit Herrn Wildmüller verbinden.«
»Ich heiße richtig Benjamin Wagner.«
»Einen Augenblick bitte.«
Es klickte in der Leitung, und Musik wurde eingespielt. Eine rauchige Frauenstimme hauchte: »Bitte warten Sie einen Moment – bitte warten Sie einen Moment – bitte legen Sie nicht auf . . .« In ihr drittes »Bitte warten Sie« tönte dann Martin Wildmüllers bekannte Stimme: »Ja, hier ist Martin Wildmüller von der *Wogenden Welle*. Bennie, bist du's wirklich?«
Bennie hatte sich so viele Fragen überlegt, doch jetzt sagte er nur störrisch: »Ich will, daß das aufhört.«
»Was soll aufhören?«

»Ich will nicht mehr, daß Sie mich übers Radio rufen. Es stört mich.«
Bennie fühlte sich, als hätte er die meisten Worte der deutschen Sprache vergessen. Um so fester klammerte er sich an die, die ihm noch einfielen. Martin Wildmüllers Stimme klang betont ruhig. Er redete wie ein Arzt mit seinem schwerkranken Patienten.
Ich stammle nur noch, statt zu reden, ärgerte sich Bennie. Martin Wildmüller raschelte mit Papier. Es klickte und klackte. Verschiedene Schalter wurden betätigt.
»Hör zu, Bennie, laß mich vermitteln. Du kannst jede Forderung nennen. Sie werden sie akzeptieren. Gemeinsam können wir die Sache zu einem guten Ende bringen.«
»Was für Forderungen? Wer wird was für Forderungen akzeptieren?«
»Na ja, ich meine – was verlangst du?«
»Wofür?«
»Heißt das etwa, du weißt gar nicht . . .«
»Ich will nur, daß man mich in Ruhe läßt.«
»Wenn du den Wagen mit den Fässern zurückgibst, ist ja auch alles in Ordnung. Sag mir, wo du ihn hinstellst, ich verbürge mich dafür, daß dir nichts passiert. Oder ich hole den Wagen persönlich ab und . . .«
»Was ist an dem Wagen Besonderes? Was ist in den Fässern drin? Gold?«
»O nein, Bennie, ganz und gar nicht.«
»Dann irgendeine Schweinerei, stimmt's?«
»Ja. Das Zeug ist hochgefährlich. Schütt es nirgendwo aus! Am besten kommst du überhaupt nicht damit in Berührung. Schon die kleinste Dosis ist tödlich. Wenn du einen Unfall hättest mit den Fässern, es wäre grauenhaft.«
»Deswegen der Tanz?«
»Ja.«

Plötzlich paßte alles zusammen. Jedes Teilchen des Puzzles hatte seinen sinnvollen Platz. Nur eine Frage blieb noch offen: »Und warum diese Geheimniskrämerei? Warum ruft ihr nicht einfach: Benjamin Wagner, du hast ein Auto geklaut, das Giftfässer enthält? Warum der Quatsch mit Martina und mit . . .«

»Weil . . . man wollte . . . nun ja, die Sache vertuschen. Es soll niemand wissen, was du da geklaut hast.«

Bennie spürte, daß er Oberwasser bekam. Er war nicht mehr der Verbrecher. Nicht mehr der Angeklagte. Im Gegenteil. Die anderen hatten viel mehr Dreck am Stecken als er. Mit zitternden Händen warf Bennie Geldstücke nach. Mehrere Groschen fielen ihm aus der Hand und rollten auf den Boden. Gerade noch rechtzeitig, bevor das Gespräch am fehlenden Geld scheiterte, schaffte er es, ein Markstück durch den Schlitz zu drücken.

»Bennie, was hast du vor?«

»Wieso?«

»Arbeitest du alleine? Hast du Helfer? Was bezweckt ihr? Oder hast du diesen Lkw tatsächlich nur zufällig geklaut?«

»Ja – äh – ich –«

»Auch wenn es Zufall war, Junge, sag, daß du den Skandal aufdecken wolltest. Dann findest du milde Richter. Die Leute werden sich viel mehr darüber empören, welche verantwortungslosen Geschäftemacher . . .«

»Nein«, unterbrach Bennie barsch, »das ist alles Quatsch. Ich wollte einfach nur ein bißchen rumfahren. Ich war sauer, weil mich niemand mitnahm. Ich wollte endlich weiterkommen, ich war schon ganz durchgefroren . . .«

»Hör zu Bennie. Laß uns das ganz in Ruhe besprechen. Ich überleg mir, wie du da rauskommen kannst. Bleib eingeschaltet. Hör meine Sendung. Sag mir, wo du bist.«

»Nein. Auf so blöde Tricks fall ich nicht rein. Wenn ich sage, wo ich bin, werde ich sofort verhaftet.«
»Mir kannst du vertrauen, Bennie.«
»Ich weiß nicht . . .«
Ein metallisches Klicken beendete das Gespräch. Bennie hatte vergessen, Geldstücke nachzuwerfen. Fast war er froh darüber.
Eine dünne Schicht Angstschweiß bedeckte seine Stirn. Er steckte die restlichen Münzen in die Tasche, bückte sich, sammelte die gefallenen Groschen auf und sagte laut und deutlich zu sich selbst: »Du bist nicht erledigt, Bennie. Noch lange nicht. Im Gegenteil. Sie brauchen dich.« Er öffnete die Tür der Telefonzelle, trat heraus und schrie es laut: »Ich bin nicht wahnsinnig! Ich bin nicht wahnsinnig!«
Heimlich, im Schutz der Dunkelheit, hatte er sich an diese Telefonzelle herangeschlichen, war hineingehuscht wie ein Marder in den Hühnerstall, aber jetzt schritt er stolz über die Dorfstraße zurück in den Wald. Es war ihm zwar lieb, daß ihn niemand beobachtete, doch wie hätte er seinem neu gewonnenen Selbstbewußtsein sonst Ausdruck verleihen können? Nie wieder brauchte er Angst vor dem Radio zu haben. Mehr als das. Er war plötzlich zu einer wichtigen Person geworden. Zu jemandem, über den man sprach. Einer, der Bedingungen stellen konnte . . .

17

Er kletterte in den ausgebrannten Dachstuhl hoch, um den Sternen und dem Himmel näher zu sein. Er sog die

Nachtluft ein. Hatte er die Sterne je so deutlich gesehen? Ein bißchen ärgerte er sich darüber, daß er die Sternbilder nicht kannte. Warum hatte ihm niemals jemand den Sternenhimmel erklärt? War er der einzige Mensch auf der Welt, der nicht wußte, wo der »Große Bär« lag? Er verfolgte den Gedanken nicht weiter.

Welch ein Glück es sein konnte, sich bewußt zu werden, daß man ganz richtig im Kopf war! Er regierte mit seinem Kopf. Seine Arme und seine Beine hörten auf seinen Befehl. Vielleicht war er nur eine Marionette, aber jetzt hielt er selbst die Spielfäden in der Hand. In seiner Macht stand es, den Wagen zurückzugeben oder nicht.

Daß Lehrer Bochner, dieser alte Fiesling, zu Martin Wildmüller ins Studio gefahren war, um ihm, Benjamin Wagner, gut zuzureden, gefiel Bennie. Es gefiel ihm sogar sehr. Es kam ihm fast vor wie eine späte Rache. Er, Benjamin Wagner, war eben nicht die Null, für die Bochner ihn gehalten hatte. Ob die Radiosendung mit Martina ihrem Augenstern Jürgen wohl gefallen hatte?

Bennie grinste. Wenn jetzt jemand Grund hatte, eifersüchtig zu sein, dann Jürgen. Schließlich hatte sich Martina in aller Öffentlichkeit an seinen, Bennies, Hals geworfen. Ja, man nahm ihn plötzlich sehr wichtig. Fast begann das Spiel ihm Spaß zu machen. Was würden sie sich als nächstes einfallen lassen? Wen würde Martin Wildmüller jetzt ans Mikrophon holen? Vater? Vielleicht ... Vermutlich bekäme der vor Aufregung keinen Ton heraus ...

Wie um sich selbst zu beweisen, daß er hier ganz Herr der Lage war, wuchtete Bennie eins der Fässer aus dem Lkw und rollte es den Hang hinunter. Zunächst bewegte es sich nur träge, dann sauste es immer schneller werdend los, schepperte gegen einen Baum, prallte dann ab, so daß sich die Richtung änderte, hopste über eine Wurzel, walzte ein Gebüsch platt und mußte schließlich, gebremst durch zwei Felsbrocken, von Bennie wieder angerollt werden. Er fühlte sich großartig dabei. Dort, wo der schmale Bach in den Fischteich mündete, rollte das Faß aus.

Morgen, dachte Bennie, komme ich hierher zurück und vergrabe es. Doch dann fand er das herumliegende Faß viel zu auffällig. Er versetzte ihm einen Fußtritt, so daß es glucksend im Teich verschwand. Ausgelassen tänzelte er voller Heiterkeit zum Waldhaus zurück. Da huschte eine Gestalt durch den Wald. Deutlich erkannte er an der Art der Bewegungen Susanne. So gut kannte er sie schon. Ihre schwarze Silhouette zwischen den Bäumen stimmte ihn noch fröhlicher. Wenn sie kam, brachte sie auch garantiert etwas zu essen mit. Er ließ sich auf alle viere fallen, den Kopf knapp über dem Erdboden, und hechelte los wie ein hungriger Wolf. Sie erschrak so sehr, als er in dieser Haltung heranwieselte, daß sie einen spitzen Schrei ausstieß, der aber in gelöstes Gelächter überging, als sie ihn erkannte.

»Bennie, die Stimmen, die du gehört hast, sind echt . . .«

Er nahm ihr die Plastiktüten aus der Hand und befingerte sie neugierig. »Ich weiß.«

»Sie suchen dich wirklich.«

»Ja, ich weiß.«

»Martin Wildmüller hat gesagt . . .«

»Ja, ich weiß. Ich hab mit ihm telefoniert.«

»Das ist gut.«

»Dachtest du auch schon, ich sei verrückt?«

»Ich mag Verrückte.«

Plötzlich faßten sie sich an den Händen und rannten los. Erst als sie im saubereren Teil des Hauses auf der Ma-

tratze saßen und Bennie die Tüte auspackte, bemerkte er, daß Bruno wieder dabei war.
Während Bennie seine Zähne in ein halbes kaltes Hähnchen grub und dazu Mineralwasser trank, erzählte Susanne: »Mein Vater weiß von nichts. Und das ist auch gut so. Er würde dich sofort verraten. Zum Glück war heute keiner von diesen endlosen Saufabenden. Wir machen nämlich erst dann dicht, wenn auch der letzte Gast gegangen ist. Wir müssen alles mitnehmen, nennt Vater das.«
Schluckend würgte Bennie: »Gilt für euch keine Polizeistunde?«
Sie zeigte ihm ihre weißen Zähne mit einem spöttischen Lächeln. »Glaubst du, die Polizei aus der Kreisstadt kommt her, um das zu überprüfen? Unser Nachbar, der Wilfried, ist Hauptwachtmeister. Aber er gehört zu den Durchhaltetypen. Wenn er an der Theke steht, wird es immer besonders spät.«
»Wie bist du rausgekommen?«
»Genau wie du. Meinst du, Frauen könnten nicht an Häuserwänden entlangklettern? Ich habe mir sogar ein Seil ans Fensterkreuz gebunden, damit ich nachher leichter wieder reinkomme.«
Er nickte anerkennend und schluckte die letzten Tropfen aus der Sprudelwasserflasche. Die abgenagten Hähnchenknochen lagen vor ihm auf dem Boden. Er befreite eine Portion Pommes frites von der Alufolie und schaufelte die fettigen kalten Kartoffelstäbchen mit Vergnügen in sich hinein, ganz so, als ob sie heiß gewesen wären.
»Mein Gott, kannst du essen!« staunte sie.
Sein ausgedehntes, ungeniertes Rülpsen beendete das Mahl nicht etwa, sondern schaffte nur Platz für neue Speisen. Das trockene Brötchen stippte er in den Joghurt-

becher. Das Stück Käse aß er aus der Hand. Leise sagte sie: »Das sollte eigentlich das Frühstück werden.«
Als er endlich alles aufgegessen hatte, streckte er sich lang auf der Matratze aus. Langsam wurde es kälter. Feuchtigkeit kroch aus den Mauern, und die Matratze war klamm. Ungefragt kuschelte Susanne sich an ihn, und Bruno war der Dritte im Bunde. Gemeinsam hielten sie sich warm und schwiegen.
»Martin Wildmüller hat wieder von dir im Radio gesprochen«, brach Susanne endlich die Stille. »Wie von einem Helden.«
»Soso. Was hat er den gesagt?«
»Bevor ich ging, sagte er deinen vollen Namen: Benjamin Wagner. Und daß du Kontakt zu ihm aufgenommen hättest. Und daß er in deinem Auftrag allen Leuten mitteilen sollte, du seist keineswegs ein normaler Autodieb. Nein, Automarder sagte er. Klingt toll, Automarder, was?«
»Ach nee. Was bin ich denn?«
»So eine Art Held. Ein Umweltschützer. Er sagte, du hättest Giftmüll geklaut, der sonst in dunklen Kanälen verschwunden wäre. Er verlangt in deinem Namen eine Aufklärung des Sachverhalts. Er versuchte auch, während der Sendung mit einem Verantwortlichen der Firma zu telefonieren, aber da wollte niemand Auskunft geben. Der hat ganz schön auf die Pauke gehauen, der Wildmüller. Ich war richtig stolz auf dich, als ich das hörte. Man müsse dir dankbar sein, ja, das sagte er. Und Leute wie du würden verhindern, daß die Flüsse weiter sterben und die Wälder ...« Sie schluckte und sah ihn kritisch an: »Warum hast du mir das nicht gleich gesagt? Warum hast du mir erst so eine Komödie vorgespielt? Hattest du Angst, dich vor mir zu erkennen zu geben?«
Sein Kopf schmerzte dumpf. Er zog Susanne noch näher

zu sich heran. Jetzt konnte er den Duft ihrer Haare riechen. Er sog ihn ein. Eine Art Held, dachte er. Eine Art Held. Ich. Ausgerechnet ich! Ist das nicht großartig?

18

Als sie erwachten, graute der Morgen bereits. Bruno stand mitten im Raum und schüttelte sich. Susanne zuckte zusammen, schreckte hoch und war sofort voll da.

»Um Himmels willen! Ich bin eingepennt! Wenn die rauskriegen, wo ich die Nacht ... Ich muß sofort ... mach's gut!«

Sie klapperte so schnell die Stufen hinunter, daß er kaum hinterherkam. Bruno verstand ihr Eile als Aufforderung zum Spiel und sprang an ihr hoch, während sie fast panisch vorwärts stolperte. Bennie winkte hinter ihr her, doch sie sah sich nicht um.

Kaum alleine, fühlte er sich gar nicht mehr als Held, sondern stellte sich die bohrende Frage, warum erzählte Martin Wildmüller so einen Blödsinn?

Leichtfüßig sprintete er in die Scheune und setzte sich ins Fahrerhäuschen. Er bewegte sich hier schon so selbstverständlich, als sei das Waldhaus seins. Als gehöre dieser Lkw ihm und der Wald rundherum ebenfalls. Er schaltete das Radio ein und hörte die letzten Klänge einer Platte, die ihm sehr bekannt vorkam, aber er wußte nicht, wie der Interpret hieß. Dann röhrte Joe Cocker mit seiner Whiskystimme »Civilized Man«. Bennie summte den Refrain mit.

»Nachdem wir nun über die Hintergründe des Umweltskandals berichtet haben, ist heute bei uns der Umweltminister persönlich. Jawohl, er möchte ein paar Worte an Bennie richten. Denn noch immer sind wir sicher, daß die *Wogende Welle* von Bennie regelmäßig gehört wird. Hallo, Bennie, hier ist jetzt der Umweltminister. Herr Doktor, Sie haben das Wort.«

»Lieber Benjamin Wagner, ich nehme diesen ungewöhnlichen Weg, um zu Ihnen zu reden. Was Sie getan haben, ist ungesetzlich. Doch erst durch den Diebstahl der Fässer sind wir überhaupt auf die unsachgemäße Lagerung und den verbotenen Transport hingewiesen worden. Bis jetzt wissen wir noch nicht, wohin die Fässer eigentlich sollten. Tatsache ist, daß sie in den Papieren der Firma als ordnungsgemäß vernichtet ausgewiesen werden, und eigentlich dürfte dieser giftige Chemiemüll schon seit Monaten nicht mehr existieren. Sie haben uns mit Ihrer Tat bewußt gemacht, in welcher Gefahr wir leben, und es wird nicht ohne Folgen bleiben. Schon jetzt bereiten wir schärfere Kontrollen vor. Mein lieber Benjamin Wagner, auch wenn ich Ihnen keine Straffreiheit zusichern kann – dazu bin ich nicht befugt –, verspreche ich, daß ich mich für Sie verwenden werde, wenn es notwendig ist. Sie können mit einem milden Urteil rechnen, wenn Sie uns jetzt den Lkw und die Fässer unbeschadet zurückbringen. Unverständlich für uns alle ist, warum Sie sich immer noch bei keiner Polizeidienststelle gemeldet haben.

Wenn Sie weiter mit dem Zeug herumfahren, gefährden Sie damit Umwelt und menschliches Leben genauso . . .«

Bennie schaltete ab. Das ist ja verrückt. Völlig verrückt. Die versuchen allen Ernstes, aus mir einen Umweltschützer zu machen.

19

Der Innenminister schnauzte sofort los. Daran würde Riegel sich nie gewöhnen können. Er hatte nichts gegen harte Worte und scharfe Reden. Im Gegenteil. Jede Schönschwätzerei widerte ihn an. Aber auf ein paar Höflichkeitsformen bestand er. Warum stellte der Innenminister sich am Telefon nie vor? Mußte jeder seine Stimme sofort erkennen? Warum redete er nie jemanden mit Namen an? Sondern bollerte gleich los? Konnte er nicht mal eine Antwort abwarten? War er so in Zeitdruck, daß er gleich wieder auflegen mußte, oder fürchtete er, sich einer Diskussion zu stellen? Und es gab eine Menge zu diskutieren in dieser Sache.

»Wenn dieser Schwachkopf von Showmaster so weitermacht, bieten wir dem Schnösel demnächst einen Ministerposten an! Stoppen Sie das Ganze!«

»Legen Sie jetzt nicht wieder auf, verdammt noch mal! Die Taktik ist doch gar nicht schlecht. Wenn er wirklich nur einer von diesen Greenpeace-Spinnern ist, wird er jetzt die Fässer brav zurückbringen, und wir haben erreicht, was wir . . .«

»Wollen Sie mich auf den Arm nehmen? Sie haben überhaupt nichts erreicht! Soll das Schule machen? Das ist

Selbstjustiz! Anarchie! Sollen wir ab jetzt allen Terroristen öffentlich auf die Schultern klopfen, weil sie auf gesellschaftliche Mißstände aufmerksam machen? Herrgott, merken Sie denn nicht, in welche Richtung das alles losgehen soll? Das ist ein Generalangriff auf unsere . . .«
»Herr Minister, bitte vergessen Sie eins nicht: Wenn wir die Fässer wiederhaben, sind wir nicht mehr erpreßbar. Bis jetzt befinden wir uns noch völlig in der Hand von . . .«
»Es gibt gewisse Prinzipien!« brüllte der Innenminister. »Man verhandelt nicht mit Terroristen! Man macht ihnen keine Angebote! Man lullt sie nicht mit schönen Sprüchen ein, wie unser Clown von Umweltminister es im Moment im Radio versucht! Beenden Sie dieses Affentheater endlich!«
»Wie?«
»Packen Sie ihn und nehmen Sie ihm die Fässer ab! Bevor er sich den Behörden stellt!«
»Ja aber warum . . .«
»Weil ich nicht will, daß er aus dieser Sache als Held herauskommt. Ich will ihn als ganz normalen Kriminellen vor Gericht stehen haben, verstehen Sie?«
Riegel schluckte trocken. »Ja.«
»Dann machen Sie mal ein bißchen Dampf, Mann! Ich will Ergebnisse sehen! Verhindern Sie auf jeden Fall, daß der gleich eine Pressekonferenz gibt und wir dann nach seiner Pfeife tanzen müssen.«
»Herr Innenminister . . .«
Aufgelegt.
Die Geschichte gefiel Riegel immer weniger. Hatte etwas Schmutziges an sich. Längst ging es nicht mehr nur darum, die Fässer in Sicherheit zu bringen. Benjamin Wagner bedrohte das Ansehen und die Glaubwürdigkeit

der Regierung. In so einer heiklen Situation neigen Schachspieler zu einem Dameopfer. Er mußte aufpassen, daß er nicht diese Dame werden würde.

»Dieser Benjamin Wagner, dieses Spatzenhirn, ist der Knick in meiner Karriere«, sagte Riegel mehr zu sich selbst als zu Rosa Winter, doch sie nickte.

»Was Sie auch machen, man wird versuchen, Ihnen einen Strick daraus zu drehen. Sie sitzen zwischen allen Stühlen. Egal, ob wir den Jungen noch abfangen, bevor er sich stellt, oder nicht. Er wird auf jeden Fall eine gute Presse haben. Eine verdammt gute sogar. Und dafür wird man Sie dann verantwortlich machen.«

Riegel faltete die Hände und schaukelte fast kindlich gedankenverloren mit seinem Stuhl. In Wirklichkeit aber war er aufs äußerste konzentriert. Er war ein guter Schachspieler. Er verstand es, die Züge seiner Gegner im voraus zu berechnen. Er sprach langsam. Bedächtig. »Wenn ich ihn aber vorher schnappe, macht man mich auch zum Buhmann. Dann sind unsere Beamten entweder zu hart vorgegangen oder zu lasch, auf jeden Fall zu unsensibel und der Situation nicht angemessen. Wir kennen das.«

»Mit ein bißchen Pech kommt es zu einer Schießerei. Aber ich will den Teufel nicht an die Wand malen«, winkte Rosa Winter ab.

Eine Schießerei, dachte Riegel. Das wäre nicht mal die schlechteste Lösung. Einem, der auf Polizisten schießt, bringt man keine Sympathie entgegen. Nur eine einzige Kugel und Benjamin Wagner hätte alle Trümpfe verspielt. Aber vermutlich wußte das Bürschchen das genau und war viel zu clever, um bewaffnet durch die Gegend zu laufen.

»Den Gefallen wird er uns wohl nicht tun.«

»Was?« fragte Rosa Winter verwirrt.
»Ach nichts.«

20

So sehr Susanne sich auch bemühte, sie schaffte es nicht, sich auf die Arbeit zu konzentrieren. Ein Bus mit sechsundzwanzig Schülern aus Essen-Karnap machte in der Gaststätte Rast. Sie konnte nicht verstehen, wie jemand auf die Idee kommen konnte, hierher einen Schulausflug zu machen. Als sie der johlenden Meute Cola und Limonade servierte, schnappte sie Gesprächsfetzen auf: » . . . Schnitzeljagd . . . vier Mannschaften . . . tolle Verstecke . . . herrlicher Wald . . . Jutta und Axel wollen sich abseilen . . . saublödes Kaff . . .«
Sechsundzwanzig Portionen Bratkartoffeln mit Würstchen. Sechsundzwanzig Portionen Nachtisch. Dreiundzwanzigmal Eis, dreimal Apfelkompott. Zwanzig Portionen Eis mit Sahne, drei ohne. Natürlich wollten Busfahrer und Lehrer nicht das gleiche essen wie die Schüler. Sie kannte das. Es gab zwei Sorten Lehrer: Die, die aus Prinzip das aßen, was ihre Schüler auch bekamen, und die, die aus Prinzip etwas anderes bestellten.
Die Schülerportionen waren schon eine Woche vorher bestellt worden. Der Preis war ausgehandelt. Und natürlich hatte sie längst alles vorher eingekauft. Dann kamen die Lehrer und Busfahrer mit ihren Sonderwünschen.
Sie rannte zwischen Theke und Tischen hin und her, weil die durstigen Schüler gerne ihr Taschengeld in sprudelnden Getränken anlegten. Der Lehrer achtete peinlich genau darauf, daß niemand ein Bier bestellte, trank aber

selbst schon das dritte. Zwischendurch fegte Susanne in die Küche, um die Bratkartoffeln umzurühren. Auch die Würstchen waren soweit. Jetzt wurde es hektisch. Mutter stand ruhig, als ob sie das alles nichts anginge, bei den Handtüchern und strich sie glatt, obwohl sie ohnehin schon übertrieben gebügelt nebeneinanderhingen. Doch Mutter strich sie glatt, als gäbe es nichts Dringenderes zu tun.

Susanne wußte, daß sie sich keinen Fehler leisten konnte. Mutter wußte alles. Bennies Bild in der Zeitung. Überall der Aufmacher. Für die einen ein Terrorist, für die anderen ein notwendiger Held.

Sogar das Lokalblättchen berichtete heute von ihm, ohne zu ahnen, daß er knapp einen Kilometer Luftlinie von der Redaktion entfernt mit seinen Fässern im Wald saß. Es gab die »Frankfurter Rundschau« und »Die Welt« im Schankraum, aber Mutter rührte sie nicht an. Diese Zeitungen lagen nur für die Gäste aus. Dafür studierte sie das Lokalblättchen genau. Im Radio und im Fernsehen eröffnete man jedesmal mit Bennie die Nachrichten. Für heute abend wurde sogar eine Sondersendung im Fernsehen angekündigt.

Unter den lauernden Blicken ihrer Mutter machte Susanne die ersten acht Portionen fertig und rannte damit los. Es fiel ihr schwer, so viele Teller zu balancieren, denn sie gehörte nicht zu den Naturbegabungen in der Branche, von denen ihr Vater manchmal schwärmte. Ihm war es in seiner Glanzzeit angeblich gelungen, sechzehn vollgefüllte Teller gleichzeitig zu tragen. Vorgemacht hatte er ihr das nie. Seit Jahren stand er nur noch hinterm Zapfhahn.

Als sie mit den Tellern den Gastraum betrat, leerte er gerade sein drittes Glas Bier. Er nannte das: den schlechten

Geschmack aus dem Hals spülen. Zu Mittag aß er schon lange nichts mehr. Zum Frühstück trank er höchstens eine Tasse Kaffee. Erst spätnachmittags, wenn er die ersten Schnäpse getrunken hatte, ging es ihm besser. Zum Abendbrot konnte er voller Appetit seine warme Mahlzeit verspeisen.
Plötzlich, während sie servierte, hatte sie Mitleid mit ihm. Sah ihn als Opfer der Mutter, nicht umgekehrt wie bisher. Vielleicht hatte sie ihn da hineingetrieben, und er war nur zu schwach, sich zu wehren. Vielleicht hatte auch er ein kleines Geheimnis, mit dem sie ihn unter Druck setzen konnte. Vielleicht hatte auch er irgendwo einen Bennie versteckt ...
Um den Stammtisch herum saß eine Horde besonders übermütiger Schüler und stimmte ein Lied an:

»Wir haben Hunger, Hunger, Hunger,
haben Hunger, Hunger, Hunger,
haben Hunger, Hunger, Hunger,
haben Durst.
Wo bleibt das Essen, Essen, Essen,
bleibt das Essen, Essen, Essen,
bleibt das Essen, Essen, Essen,
bleibt die Wurst?«

Susanne beeilte sich, neue Portionen aufzuschöpfen, und brachte sie zunächst an den lautesten Tisch, um die Schüler ruhig zu bekommen. Als sie zum dritten Mal die Teller belud, während ihre Mutter tatenlos dabeistand, spürte sie, daß von Mutter eine viel größere Bedrohung ausging, als sie bisher gedacht hatte. Sie fühlte sich wie eine Fliege im Spinnennetz.
Obwohl Mutters Gesicht bebte, sprach sie emotionslos

wie die telefonische Zeitansage: »Was habt ihr beiden vor?«
»Mutter . . . Wie meinst du das? Wir wissen selbst nicht, wie es weitergehen soll . . .«
Scharf unterbrach die Mutter sie. »Wieviel springt dabei heraus, wenn alles gutgeht?«
»Mutter! Du glaubst doch nicht im Ernst, daß . . .«
»Wieviel?«
Der Teller war längst voll, doch Susanne packte ohne hinzusehen noch mehr Bratkartoffeln darauf. Ihre Hände arbeiteten mechanisch. War es das, was aus ihr werden sollte? Eine funktionierende Maschine?
»Mutter, du siehst das falsch. Wir sind keine Komplizen. Ich hatte nur Mitleid mit ihm. Und . . .«
»Dann bist du auch aus Mitleid mit ihm ins Bett gestiegen?«
Vor Empörung über die Worte ihrer Mutter hätte sie am liebsten die Bratkartoffeln gegen die Wand geschleudert. Doch ihre Hände arbeiteten weiter, als gehörten sie ihr nicht.
»Ich verrate euch nicht. Aber dein Benjamin soll nicht glauben, daß ich das umsonst tue. Er soll haben, was er braucht. Du kannst ihm Essen bringen . . . Trinken . . . Wenn wir ihn ordentlich verstecken, ist er hier für eine Weile sicher. Aber ich will etwas haben von dem großen Kuchen.«
»Mutter! Was glaubst du!«
»Nicht so laut!« zischte sie.
Plötzlich packte Mutter sich vier vollgehäufte Teller und ging damit hinaus, um zu servieren. Doch bevor sie den Gastraum betrat, schimpfte Vater hinter der Theke los: »Wo bleibt ihr denn? Die ersten sind schon mit dem Essen fertig, und die letzten haben noch nichts!«

»Ich komm ja schon!« rief Mutter. In ihrem Blick lag Verachtung. Ihre Lippen umspielte ein höhnischer Zug. So sahen verbitterte Sieger aus. Leute, die ihren Erfolg zu teuer bezahlen mußten, die tiefe Schläge und Erniedrigungen einstecken mußten, so daß der Sieg nur noch eine Art Schmerzensgeld sein konnte.

Noch bevor Mutter wieder in der Küche erschien, hatte Susanne sechs weitere Portionen fertig. Sie arbeitete rasend schnell. Konzentrierte sich auf Pfanne, Teller, Würstchen und ihre flinken Finger, um das Gehörte sakken zu lassen, um nicht überzuschnappen.

»Was bist du für ein Mensch, Mutter?«

»Komm mir bloß nicht so. Das ist vielleicht die letzte Chance in meinem Leben. Meine allerletzte.«

»Was für eine Chance?«

»Die, von hier wegzukommen. Oder meinst du, ich bin zum Spaß hier? Das Haus ist so mit Hypotheken belastet, daß es eigentlich darunter zusammenbrechen müßte. Es fehlt an allen Ecken und Enden, und was mit deinem Vater los ist, siehst du doch selbst. Ich hätte ihn schon längst verlassen, wenn ich nur eine Gelegenheit . . .«

»Wenn du so denkst, warum bist du dann noch hier?«

»Erst bin ich bei ihm geblieben, weil du noch klein warst. Und weil ich dachte, daß er sich ändert. Dann, weil ich keinen Beruf gelernt hatte und nicht wußte, wovon ich hätte leben sollen. Mit dir . . . als Klotz am Bein.«

Susanne erstarrte. Es hallte in ihrem Kopf wider: Als Klotz am Bein. Sie hielt den Teller schräg. Kartoffeln kullerten auf den Boden. Die Wurst patschte daneben.

»Guck mich nicht so an. Früher war das alles anders als heute. Ihr jungen Leute geht auseinander, wenn ihr euch nicht mehr liebt. Bei uns war das ganz anders. Wir sind eine andere Generation. Da läßt man sich nicht so einfach

scheiden.« Sie lachte bitter. »Wenn das alles wäre! Keine Liebe mehr! Ich hasse deinen Vater! Ich hasse ihn für all das Leid, daß er mir angetan hat, für all das Elend, in das er mich gestürzt hat.«
»Mutter!«
»Vielleicht bin ich selber schuld. Ich hätte schon viel eher ausbrechen sollen. Viel eher. Aber das hier ist meine Chance. Wir werden deinem Benjamin weiterhelfen. Und dafür kassieren wir dann, was uns zusteht.«
Empört schüttelte Susanne den Kopf.
Fast kleinlaut redete die Mutter weiter. »Wir müssen nicht übertreiben. Wir brauchen keine fünfzig Prozent. Wir sind bescheiden. Zwei- oder dreihunderttausend würden schon reichen. Aber so dick, wie sich die Sache anhört, ist bestimmt mehr für uns drin. Vielleicht sogar eine Million? Geh zu ihm. Red mit ihm. Er braucht uns.«

21

Diesmal schleppte Susanne schwere Plastiktüten in Bennies Versteck. Und sie erschien schon am hellichten Tag. Zunächst hatte er sie für einen Ausflügler gehalten, der auf der Suche nach einem Kameraden hier herumstöberte. Diese Schüler aus den Ruhrgebiet störten Bennie gewaltig. Überall machten sie das Gelände unsicher, schnüffelten herum und lärmten, als seien sie nicht im Wald, sondern bei einem Karnevalsumzug.
Bennie wußte, was in den Radiosendungen erzählt wurde. Eine Zeitung mit seinem Bild auf der Titelseite hatte Susanne mitgebracht. Er legte die Zeitung zunächst beiseite und kümmerte sich ums Essen. Es war zwar nicht fürst-

lich, aber doch sehr reichhaltig. Geradezu liebevoll zusammengestellt.
Während er in das zweite kalte Kotelett biß, fragte Susanne: »Hast du immer noch keinen weiteren Plan?«
Er schüttelte den Kopf und aß andächtig weiter.
»Du hast sie in der Hand. Sie müssen tun, was du verlangst. Aus den Radio- und Fernsehmeldungen fließt geradezu der Angstschweiß heraus. Sie biedern sich regelrecht an bei dir. Meine Mutter meint, du könntest Millionen kriegen.«
Das war's also. Er hatte es fast geahnt.
Wütend funkelte er sie an: »Was soll der Scheiß mit deiner Mutter?«
»Sie weiß alles. Sie will mitkassieren.«
»Wovon?«
»Von deinem Geld.«
Bennie lachte.
»Von meinem Geld! Ich habe die paar Pfennige, die du mir gegeben hast. Telefongeld!«
»Aber du kannst kriegen, soviel du haben willst!«
»Ich weiß.«
»Und du willst es dir nicht holen?«
Er zuckte mit den Schultern, warf den zweiten Kotelettknochen zu Bruno in die Ecke und nahm einen tiefen Schluck aus der Sprudelwasserflasche. »Ich hab heute den ganzen Tag über Nachrichten gehört. Von Sender zu Sender geschaltet. Wenn man kühl überlegt, habe ich zwei Möglichkeiten. Die eine ist, ich steige auf die Geschichte von Martin Wildmüller ein und spiele den Umwelthelden. Moralisch stehe ich dann blendend da. Ich glaube nicht mal, daß ein Richter mich verknacken wird. Und wenn, dann höchstens zu einer Geldstrafe. So bekannt, wie die Geschichte jetzt schon geworden ist, brau-

che ich mir darum keine Sorgen zu machen. Da wird es garantiert irgendeine Solidaritätssammelaktion für mich geben. Ich wäre fein raus.«

»Und die zweite Möglichkeit?«

»Die ist, daß ich diese Fässer als Druckmittel benutze. Genau davor haben sie alle Angst. Deine Mutter hat recht. Sie würden mir Millionen geben. Vermutlich spielt die Summe überhaupt keine Rolle. Ich könnte mir das Geld abholen und freies Geleit für mich fordern. Von irgendeinem sicheren Ort aus könnte ich sie dann informieren, wo die Fässer sind. Die Sache wäre risikolos für mich. Zumindest, solange sie die Fässer nicht haben. Dann wäre ich zwar moralisch ein Schwein, aber finanziell wäre ich fein raus. Ich könnte meine Füße in die Sonne legen. Es gibt genug Staaten, die einen nicht ausliefern, wenn man genug Geld hat. Ein Kommentator im Rundfunk hat sie gleich aufgezählt. Ich habe gar nicht alle behalten. Die Liste war lang. Paraguay hat er besonders herausgestrichen. Dort tummeln sich wohl jede Menge Typen, die hier Beute gemacht haben. Sie halten mit ihrem Geld den örtlichen Diktator aus. Ich weiß gar nicht mehr, wie er heißt. Dort könnte ich leben wie ein König. Das ist toll, weißt du. Ich brauche mir kaum eigene Gedanken zu machen. Ich schalte so von Sender zu Sender und höre mir ihre Tips und Ratschläge an.«

»Sie haben dir doch nicht geraten, nach Paraguay . . .«

Er schüttelte den Kopf. »Nee, geraten hat mir der Kommentator nichts. Er nannte es nur eine Möglichkeit, wie die Geschichte weitergehen könnte. Weil ich mich nicht rühre, phantasieren sie im Moment alle. Jeder denkt laut darüber nach, wie die Sache zu einem guten oder einem schlechten Ende gebracht werden kann. Und ich höre mir alles an und wäge ab.«

Er warf den dritten Kotelettknochen hoch. Bruno schnappte ihn in der Luft.

»Ja. Die Entscheidung liegt bei dir. Nur bei dir.«

Er nickte, doch er wußte, daß die Sache nicht ganz so einfach war. Die Entscheidung lag auch bei Susanne und – was ihm Angst machte – bei ihrer Mutter. Sie beide konnten ihn jederzeit hochgehen lassen.

Susanne traute er das nicht zu. Aber was wußte er über ihre Mutter? Vielleicht verriet sie ihn für ein paar Kröten an eine Illustrierte?

Solange er selbst noch nicht wußte, was er tun wollte, mußte er sie hinhalten.

»Sag deiner Mutter, daß ich mir die Sache überlege.«

»Du willst sie beteiligen?«

»Ich überlege.«

»Ja, Bennie, es ist allein deine Entscheidung.«

Schön wär's, dachte Bennie und fragte: »Habt ihr ein Auto?«

»Ja, einen alten R 4.«

»Kann ich mir den heute abend leihen?«

»Willst du damit abhauen?«

»Nein, aber ich muß etwas erledigen, und das kann ich nicht mit dem Lkw machen.«

»Logisch. Sie hätten dich sofort. Okay, ich rede mit meiner Mutter.«

»Gut. Außerdem brauche ich vernünftige Kleidung und ein bißchen Bargeld. Nicht viel. Vielleicht hundert Mark. Und ein paar Decken. Es war schweinekalt letzte Nacht.«

Susanne nickte. Sie brauchte sich seine Wünsche nicht zu notieren. Sie behielt sie auch so. Sie küßte ihn flüchtig auf die Kinnspitze, ehe sie ihn verließ.

Er hatte noch gar nicht alle mitgebrachten Lebensmittel

ausgepackt. Nun wühlte er darin herum und roch daran, aber er war schon satt.
Wenn sie bringt, was du verlangt hast, Bennie, dann kannst du auch von allen anderen kriegen, was du willst. In so einer Situation warst du noch nie. Du mußt es nur sagen, und du bekommst, was du willst.
Mensch, Bennie, jetzt bist du am Drücker. Zum ersten Mal im Leben.
Er ging zurück in die Fahrerkabine, um Radio zu hören. Er konnte gar nicht mehr genug davon bekommen. Er war wie süchtig danach.
Dein Leben, dachte Bennie, ist tüchtig aus der Bahn geraten. Es kann nicht einfach alles wie früher werden. Manchmal erschien ihm das alte langweilige Leben auf der Verliererseite wieder erstrebenswert. Unbekannt, ganz unten, auf eine Chance hoffend, die nie kam. Aber seine Chance war gekommen.
Wenn ich jetzt einfach Geld verlange, viel Geld für mich, was unterscheidet mich dann von den Leuten, denen ich die Fässer gestohlen habe? Sie tun doch auch alles nur für Geld. Spaß macht es denen sicher nicht, die Umwelt zu vergiften. Wer kommt schon gerne nach Hause und erzählt seinen Kindern, daß er heute illegal Giftmüll beseitigt hat? Nein, die kamen bestimmt mit Geschenken. Ein neues Fahrrad für den Sohnemann, weil Papi im Beruf so erfolgreich war. Wie die wollte er nicht sein. Früher nicht und heute erst recht nicht.

22

Riegel las die Langeweile aus den Gesichtern der einzelnen Abteilungsleiter. Noch bevor er seine Rede begann, schalteten sie schon ab. An der Art, wie er reingekommen war und alle begrüßt hatte, merkten die alten Hasen sofort, daß nichts von Bedeutung passiert war. Sie wußten nicht mehr als vorher, sie konnten es lediglich neu interpretieren. Trotzdem hielt man solche gemeinsamen Sitzungen ab, denn wenn hinterher etwas schiefging, konnte wenigstens keiner sagen, er sei nicht gefragt worden und hätte die Antwort in der Tasche gehabt. Das Ganze war mehr eine Formsache, als daß es dem Informationsaustausch diente.

Riegel wußte, daß die Männer genauso übermüdet waren wie er selber. Er verzieh ihnen, daß sie jetzt vor sich hindösten. Nur das Kaugummikauen von diesem Möchtegern-Schimanski aus Bremen nervte ihn sehr. Wie der schon aussah ... So konnte er in die Disco gehen, aber doch nicht ...

Jetzt meldete sich dieser Kerl sogar zu Wort. Dabei war er, Riegel, noch gar nicht ganz fertig. Hoffentlich würden solche Sitten hier nicht einreißen. Der Höflichkeit halber nahm er ihn dran. Sie brauchten Ergebnisse oder neue Ideen dringender als die Nachtruhe oder die nächste Mahlzeit. Doch Riegel hoffte inständig, daß sie nicht von diesem Typen kämen. Hoffentlich präsentierte er jetzt nicht, worauf alle so lange warteten: den entscheidenden Hinweis.

»Ja, also, ich bin zwar neu in dieser Runde. Ich vertrete den Herrn Obermüller, der ja leider vor wenigen Wochen verstor ...«

»Kommen Sie bitte zur Sache.«

»Wenn ich Sie bisher richtig verstanden habe, Herr Riegel, so wissen wir mit Sicherheit eins: Benjamin Wagner befindet sich nicht mehr auf dem Straßennetz der Bundesrepublik Deutschland. Er hat den Lkw irgendwo untergestellt. Wenn er noch mit dem Wagen unterwegs wäre, hätten wir ihn längst im Netz. Ich halte es für sinnlos, die Straßenkontrollen im bisherigen Umfang weiterzuführen. Das schürt nur Unmut unter der . . .«

»Sollen wir uns sagen lassen, wir hätten nichts getan?« fragte Riegel und hob seine Schultern, um sie resignierend wieder senken zu können. Diese Geste hatte er unbewußt von seinem früheren Chef übernommen. Sein Vermächtnis an Riegel lautete: »Die Politiker halten Reden und wir den Kopf dafür hin. Vergessen Sie das nie, Riegel.«

Der Kollege aus Baden-Württemberg meldete sich zu Wort. Wie in der Schule stand der behäbige Mann auf, als er drankam, und redete stehend. Sein Kopf schien direkt an der Schulter angewachsen. Es kursierte der Witz, einer seiner Vorgesetzten hätte früher einmal versucht, ihn mit einem Vorschlaghammer ungespitzt in den Boden zu rammen. Als Ergebnis war er zwar nicht im Boden, dafür aber sein Hals im Rumpf versunken. Aus Mitleid habe man ihn dann befördert.

»Ich bitte Sie, eins nicht zu vergessen: Wir haben, seit die bundesweite Fahndung nach dem Lkw angelaufen ist, bei unseren Kontrollen 1024 Alkoholsünder gefaßt! 102 gestohlene Fahrzeuge konnten sichergestellt werden, und 27 gesuchte Personen wurden festgenommen. Unter ihnen auch der mutmaßliche . . .«

Der Bremer Kollege unterbrach ihn, ohne ihn anzusehen. Es sollte eine witzige Bemerkung für alle werden, aber niemand lachte: »Sie würden also unsere Aktion als Erfolg bezeichnen?«

23

Widerspruchslos akzeptierte die Mutter alle Forderungen. Sogar den Autoschlüssel für den R 4 rückte sie raus. Susanne hatte mit Schwierigkeiten gerechnet, doch ihre Mutter wirkte, als wäre sie bereit, noch viel mehr für Bennie zu tun. Zwar war sie im Moment die Gebende, doch empfand sie es als Zeichen dafür, daß Bennie bereit war, sich auf einen Handel mit ihr einzulassen. Er würde zahlen. Also wollte sie alles tun, um ihm zu helfen.
Die glasigen Augen in Vaters aufgedunsenem Gesicht bewiesen, daß er schon wieder ziemlich getrunken hatte. Aber er brauchte eine gehörige Portion, um den Überblick zu verlieren. Soweit war er noch lange nicht. Er wußte nicht genau, was hier vor sich ging. Aber etwas war anders als sonst. Eine euphorische Stimmung ließ Susanne und seine Frau wie aufgedreht erscheinen. Außerdem gluckten sie zuviel zusammen, wie er fand, etwas Geheimniskrämerisches umgab sie. Er vermutete, daß etwas passiert war. Vielleicht hatten sie vier Richtige im Lotto und wollten den Gewinn für sich behalten.
Ein plötzliches Schwindelgefühl stoppte Susanne. Mit weißer Nase setzte sie sich hin und versuchte, tief durchzuatmen. Es gelang nicht. Die Mutter schleppte sie zum Spülbecken. Der kalte Strahl aus dem Wasserhahn prasselte ins Becken. Ängstlich zog Susanne den Kopf zurück. Die Mutter klatschte ihr das Wasser ins Gesicht, und gleich löste sich der Krampf in der Lunge. Jetzt ließ sich

Susanne selbst die Handflächen vollaufen und tunkte dann das Gesicht hinein.
»Es wird alles gut werden«, raunte die Mutter, »du wirst schon sehen.« Mit einer Hand hielt sie Susannes Haare fest, damit sie nicht ins Becken fielen, die andere legte sie fast liebevoll auf ihre Schultern. Schon lange hatte sich Susanne ihrer Mutter nicht mehr so nahe gefühlt.
Vater stand plötzlich in der Tür und brüllte: »Was ist hier eigentlich los? Ist sie schwanger oder was?«
»Laß uns in Ruhe!« keifte die Mutter mit überschnappender Stimme. »Wenn du besoffen bist, kann ich dich einfach nicht ausstehen!«
»Und wenn ich nüchtern bin, kann ich dich nicht sehen!«

24

Was soll man tun mit seinem Leben, fragte sich Bennie, wenn alle Welt neugierig ist, zusehen möchte, Kommentare abgibt und auf das Scheitern wartet?
Er hatte kaum Gegenverkehr. Die zwei Fässer hinten auf der umgelegten Rückbank des R 4 waren so schwer, daß der leichte Wagen hinten tief herunterhing und Bennie manchmal das Gefühl hatte, die Vorderräder berührten kaum noch die Straße. Bei dem Gedanken, er hätte noch ein drittes Faß hinten reingeladen, mußte er grinsen. Vermutlich hätte der Wagen sich dann wie ein Wildpferd vor einem Hindernis aufgebäumt.
Bennie hörte unablässig Radio. Die Fahrgeräusche im R 4 waren viel lauter als im Lkw. Er mußte das Radio voll aufdrehen, um alles mitzubekommen. Aber er war bester Laune. Genüßlich lutschte er beim Fahren die selbstge-

machte Blutwurst aus der Pelle, die Susannes Mutter für ihn eingepackt hatte. Die Schweinwerfer beleuchteten mehr die Baumkronen als die Straße. Bennie wollte die Fässer rasch loswerden. Aber er mußte sie weit genug von seinem Versteck entfernt fortbringen. Mindestens hundert Kilometer hatte er sich vorgenommen.

Häufig tauchte in den Nachrichten das Wort »Obertoga« auf. Man sprach von Lastwagen, die durch die Straßen fuhren, um die Leichen der Verhungerten aufzusammeln. Immer mehr Menschen verließen ihre ausgedörrten Felder und bewegten sich in einem endlosen Zug auf die Hauptstadt zu. Das Gerücht, es gäbe dort etwas zu essen, reichte aus, um die Menschen diese beschwerliche Wanderschaft auf sich nehmen zu lassen. Aber es war nur ein Gerücht und entsprach nicht den Tatsachen. Eine erschütterte Nonne berichtete von Plünderungen. Vor den Lagerhallen im Hafen war es zu Schießereien gekommen, und das Militär, eingesetzt, um die Menschenmengen von den Straßen abzudrängen, rebellierte angeblich.

Vielleicht war es die geschickte Regie eines Nachrichtenredakteurs, vielleicht aber nur höhnische Ironie, daß im Anschluß an den Bericht aus Obertoga die Meldungen von Butterbergen, einer Rindfleischüberproduktion und Prämien für die Abschaffung der Kühe kühl und sachlich verlesen wurden.

Hinter der Kreisstadt stoppten Polizeibeamte vereinzelte Fahrzeuge. Bennie ließen sie durch. In einem rostigen R 4 schmuggelte man höchstens Kaffee, Zigaretten oder ein paar Gramm Haschisch über die holländische Grenze. Niemand vermutete darin die hektisch gesuchten Giftfässer. Unerkannt schlüpfte er noch durch drei weitere Straßenkontrollen und bog dann ein paar Kilometer vor der Großstadt von der Bundesstraße ab, um sich über

Schleichwege den Vororten zu nähern. Das Neubauviertel mit den Ein- und Zweifamilienhäusern lag etwas über der Stadt in völliger Stille. Nur die flackernden Straßenlaternen spendeten Licht. Die Rolläden waren schon überall heruntergelassen, die Türen verschlossen, die Garagentore dicht.

Bennies Fahrzeug war mit Abstand das älteste, schmutzigste und billigste in der Straße. Erst jetzt wurde Bennie wirklich bewußt, wie laut der R 4-Auspuff knatterte.

Am Ende der Straße begann ein kleines Waldgrundstück. Dahinter die Müllkippe. Bennie bog in einen Waldpfad ein, wuchtete dann das erste der Fässer heraus und rollte es in ein Loch, das die herausgerissenen Wurzeln eines umgestürzten Baumes in den Waldboden gerissen hatten. Nur notdürftig streute er Blätter und Zweige über das Faß. Dann lief er zum Auto zurück und suchte einen geeigneten Platz für das zweite Faß. Gut vierzig Kilometer weiter in einer Parkanlage nicht weit vom Kirchplatz entfernt, ließ er es in einen Teich plumpsen. Hierhin unternahmen sonntags nachmittags die Familien der Umgebung ihre Ausflüge. Man konnte ein Bötchen leihen und ein bißchen herumpaddeln. Es gab Eis und Pommes frites. Niemand würde hier nach einem Faß tauchen.

Jetzt, da der Wagen entladen war, fuhr er gut zwanzig Stundenkilometer schneller als vorher. Bennie fühlte sich großartig. Wenn sie mich schnappen, dachte er, und ich habe die Fässer nicht bei mir, müssen sie mich wieder laufen lassen, denn sie wollen nicht mich. Sie wollen die Fässer. Solange nur ich weiß, wo sie sind, bin ich frei.

Bennie tankte für zehn Mark an einer Münz-Tankstelle und fuhr den gleichen Weg, den er gekommen war, zurück. Aber dort, wo vorher die Verkehrskontrollen gewesen waren, zeugten nur noch viele ausgetretene Zigarettenstummel davon, daß hier Männer voller Nervosität ihre Arbeit getan hatten.

Der Staatspräsident von Obertoga rief dazu auf, seinem Land zu helfen, und Minuten später richtete Martin Wildmüller einen dramatischen Appell an Bennie.

> »Du hast erreicht, was du wolltest, Bennie. Warum erlöst du uns jetzt nicht von der Angst? Heute gab es bereits versehentlich Wasseralarm im Rhein, weil man glaubte, Spurenelemente des Gifts im Rheinwasser gefunden zu haben. Lieber Bennie, es ist unverantwortlich, wenn du die Fässer weiterhin behältst. Sie müssen sofort sachgemäß gelagert oder vernichtet werden. Es besteht die Gefahr, daß die Fässer durchrosten und das Gift ins Trinkwasser gelangt. Bitte ruf mich an und sag mir, warum du noch zögerst. Du kennst meine Nummer.«

Ich werde nirgendwo verzeichnen, wo ich die Fässer verstecke. Das bleibt nur in meinem Gehirn gespeichert, dachte Bennie.

Als er zum Waldhaus zurückkehrte, saß Susanne zusammengekauert, in mehrere Decken gewickelt, mit einer Taschenlampe in der Hand auf seiner Matratze und schlürfte Kaffee aus dem Drehverschluß der Thermosflasche.

»Wo warst du?«

»Weg.«

Ein Schweigen, das Mißtrauen dokumentierte, vergrößerte die Entfernung zwischen ihnen. Es tat ihm leid, so schroff gewesen zu sein. Schließlich hatte sie ihm den Wagen besorgt, Geld, Essen, Kleidung, alles, was er wollte. Was wäre ohne sie aus ihm geworden? In versöhn-

licherem Ton sagte er: »Ich muß noch einmal weg. Wenn du willst, kannst du mitkommen.«
»Wohin?«
»Mal sehen.«
»Du willst mir weismachen, daß du einfach nur so rumfährst?«
»Nein. Komm mit und hilf mir.«
Wortlos wuchtete sie mit ihm zwei Fässer vom Lkw in den R 4. Dabei rissen zwei ihrer langen Fingernägel ein. Dann stieg sie auf der Beifahrerseite ein. Erst als sie das Dorf in Richtung Süden verlassen hatten, sprach sie ihn erneut an: »Du willst die Fässer irgendwo verstecken?«
»Ja. Egal, wie ich weiter handeln werde. Ohne die Fässer bin ich geliefert. Sie sind meine einzige Lebensversicherung.«
Sie biß die Rißstellen an den Fingernägeln glatt. »Lebensversicherung?«
»Na ja, nenn es, wie du willst. Wenn sie mich fassen, und ich habe die Fässer bei mir, bin ich erledigt. Wenn sie mich packen und nicht wissen, wo die Fässer sind, müssen sie mich laufenlassen. Es geht nicht um mich, verstehst du, es geht nur um diese Fässer. Deshalb werde ich sie nicht an *einem* Ort lassen. Ich werde jedes Faß woanders hinbringen. Ich werde sie alle vergraben. Aus sicherer Entfernung kann ich dann telefonisch bekanntgeben, wo sie liegen. Eins nach dem anderen. Zug um Zug.«
»Genial.«
Er fühlte sich geschmeichelt. Für genial hatte ihn bisher noch niemand gehalten, auch er sich selbst nicht. Noch bis vor kurzem hatte er von allen Leuten sich selbst am wenigsten vertraut. Hatte geglaubt, ein Pechvogel zu sein, ein typischer Verlierer, ja sogar ein Wahnsinniger. Und jetzt plötzlich saß neben ihm ein hübsches junges Mäd-

chen und sagte so etwas.
»Hast du dich inzwischen entschieden? Was wirst du tun? Ich muß meiner Mutter etwas sagen.«
Bennie kaute auf der Unterlippe herum. Er wollte etwas loswerden, hielt es aber zurück. Er schaltete in den vierten Gang. Die Hand ließ er locker auf der Revolverschaltung liegen. Susanne berührte seine Hand und drückte sie einmal kurz. Er tat, als hätte er nichts bemerkt.
»Ich bin kein Gangster, weißt du, Susanne. Ich kenne diese großen Gauner nur aus Filmen. Aber in keiner dieser Rollen fühle ich mich wohl. – Verstehst du, was ich meine? Ich bin nicht Humphrey Bogart. Oder dieser Glatzkopf mit der Katze, gegen den James Bond ständig kämpfen muß.«
Sie lachte. Wie ein Vorwurf hallte ihr Lachen durch den Innenraum des R 4. Es war ihr unangenehm, daß es so schrill geklungen hatte. Fast wie bei ihrer Mutter. Sie setzte sich ordentlich im Sitz zurecht und wollte sich von jetzt an besser unter Kontrolle halten.
»Die richtigen Ganoven, weißt du, die auf so eine Gelegenheit wie diese hier ein Leben lang warten, das sind die einsamen, wortkargen Draufgänger. Ich dagegen bin ein geselliger Typ. Quatsche zuviel und gehe jedem Streit aus dem Weg.«
»Du willst den Wagen also einfach zurückgeben?«
Sie wußte nicht, ob sie sich darüber freuen sollte oder nicht. Ein bißchen Erleichterung schwang in ihrer Stimme mit.
»Nein, keineswegs. Wenn schon alles nach meiner Pfeife tanzen muß und ich die Bedingungen stellen kann, dann will ich etwas Gutes, etwas Sinnvolles fordern. Etwas, mit dem man leben kann.«
»Ja, was denn dann?«

Er wischte sich mit dem Handrücken Speichel von der Unterlippe. Bis jetzt hatte er seinen Blick konzentriert auf die Fahrbahn gerichtet. Jetzt sah er Susanne an. Er wollte ihre Reaktion sehen. »Hast du schon mal was von Obertoga gehört?«

25

> »Nach unseren Recherchen fielen allein in Rheinland-Pfalz im Jahre 1983 152.000 Tonnen Sondermüll an. Dabei wurde der Sondermüll der BASF noch nicht berücksichtigt.«

Bennie drehte das Radio lauter.

> »Einige Firmen haben sich auf die Beseitigung eben dieses Sondermülls spezialisiert. Die größte dieser Firmen, die Deutsche Gesellschaft für Beseitigung von Sondermüll – eine Firma, an der auch Bund und Länder beteiligt sind –, hat in Rheinland-Pfalz fast ein Monopol. Diese Firma brachte 74.900 Tonnen auf Sondermülldeponien unter. Meistens in Gerolsheim. 7.500 Tonnen auf nicht näher definierten Deponien – das hört sich harmlos an, aber gemeint sind damit ganz normale Hausmülldeponien. 5.600 Tonnen wurden einer chemisch-physikalischen Behandlung unterzogen, die meisten in der Neutralisierungsanlage in Idar-Oberstein. 2.000 Tonnen angeblich in der Anlage in Andernach. Das kann aber nicht möglich sein, da sich diese Anlage noch im Planungs-

stadium befindet und die Bauarbeiten noch nicht einmal begonnen haben. Stellt sich für uns die Frage: Wo sind die 2.000 Tonnen geblieben?«

Bennie hätte am liebsten mitgeschrieben. Aber er konnte nicht einmal anhalten. Die Straße war schmal, der Verkehr ungewöhnlich dicht. Er hielt nach einem Parkstreifen Ausschau, während er das Gas zurücknahm, in den dritten Gang schaltete und versuchte, sich jedes Wort zu merken.

»11.000 Tonnen wurden in ein Zwischenlager gebracht. Wo dieses Zwischenlager sich befindet, konnte oder wollte uns niemand sagen. Bleibt ein Rest von 53.600 Tonnen, die die Deutsche Gesellschaft zur Beseitigung von Sondermüll übernommen hat und für deren sachgemäße Beseitigung sie bezahlt wurde, über deren Verbleib niemand Rechenschaft ablegen kann.«

Er lenkte den Wagen auf eine Grasnarbe am Rand der Straße. Der Motor soff ab. Egal. Bennie wollte diesen Bericht genau verfolgen.

»Nach den Unterlagen der Deutschen Gesellschaft zur Beseitigung von Sondermüll sind diese 53.600 Tonnen zu ›sonstigen Anlagen‹ gebracht worden. Gemeint sind damit vermutlich ebenfalls ganz normale Hausmülldeponien.

Es gibt kein Verzeichnis dieser ›sonstigen Anlagen‹. Das heißt, man kann, selbst wenn man die finanziellen Mittel dazu besitzt, diesen Sondermüll nicht mehr auffinden und ordnungsgemäß neutralisieren. Man müßte

schon eine Sonderkommission einsetzen, die im ganzen Land den Giftmüll sucht.
Die vierundzwanzig Fässer, die Benjamin Wagner auf einem Rastplatz in der Nähe von Bottrop entwendete, machen sich dagegen geradezu lächerlich aus.«

Bennie schluckte und kratzte sich die Kopfhaut, die plötzlich zu jucken begann.

»Das ungeheuerliche Ausmaß der vermeidbaren Umweltverschmutzung wurde durch seine Tat offensichtlich. Haben Bund und Länder ihre Kontrollmöglichkeiten in der Deutschen Gesellschaft zur Beseitigung von Sondermüll nicht genutzt?
Nun fragt eine aufmerksam gemachte Öffentlichkeit danach, was geschieht mit dem täglich anfallenden Sondermüll? Das Wort ›Sondermüll‹ klingt harmlos. Gemeint sind: für Mensch, Tier und Pflanze giftige, oftmals tödliche Stoffe. Gerade, wenn sie unkontrolliert irgendwo hingekippt werden, also ein Vermischen möglich ist, können chemische Reaktionen entstehen, die bisher noch nicht einmal in den Labors der chemischen Industrie bekannt sind.
Nach einer Studie der Bundesregierung fielen 1983 insgesamt in der Bundesrepublik 4,8 Millionen Tonnen Sondermüll im überwachten Bereich an. Nicht erfaßt sind damit all die Giftmengen, die in betriebseigenen Anlagen beseitigt werden. 58,8 Prozent des überwachten Bereichs stammen aus der chemischen Industrie. Der größte Teil des Sonder-

mülls wird zur Zeit deponiert, auf hoher See verklappt, auf Deponien im Ausland gebracht oder verbrannt. Für gut 1,1 Millionen Tonnen ist die Art der Beseitigung völlig unbekannt. Sie sind im letzten Jahr sozusagen verlorengegangen.«

Nahtlos ging der Wortbeitrag in Schlagermusik über. Seltsam, dachte Bennie, wenn das so ist, warum machen die dann wegen meiner paar Fässer so einen Tanz? Es könnte ihnen doch egal sein, wo ich sie hinkippe.

Er hatte zwei Fässer in Dünnwald, einem Außenbezirk Kölns, schon fast näher an Leverkusen als an Köln, vergraben. Bei dem Gedanken, daß möglicherweise von der chemischen Industrie ein Vielfaches an Gift in den Boden geleitet wurde, kam er sich lächerlich vor. Irgendwie kindisch. Verglichen mit dem, was er eben im Radio gehört hatte, waren seine Fässer nicht mehr als eine Handvoll Schnee in einer gigantischen Lawine. Ich wollte es zwar nicht, ich ahnte nicht einmal etwas davon, aber ich habe es aufgedeckt. Damit muß ich leben! Ich bin ein unfreiwilliger Umweltheld.

Er begann, sich in der Rolle wohlzufühlen. Sein Entschluß, nun Nahrung für Obertoga zu fordern, statt Geld für sich selbst, kam ihm folgerichtig vor.

Man ließ Giftmüll herumliegen wie Coladosen und kümmerte sich nicht darum, wenn anderswo Menschen verhungern. Vielleicht mußte erst einer wie er kommen, um die Sache in Ordnung zu bringen . . .

In einer Telefonzelle nahe der Autobahnauffahrt wählte er Martin Wildmüllers Nummer. Er wurde augenblicklich zu ihm durchgestellt.

»Bennie? Hier bin ich, Martin Wildmüller. Was ist mit den Fässern? Rückst du sie raus?«

»Ich stelle jetzt meine Bedingungen.«
»Bedingungen – also doch. Nun, was willst du? Ich werde die Sache für dich regeln. Ich könnte zum Beispiel als Überbringer arbeiten, dann wird es für dich ungefährlicher, und für meine Zuhörer springt eine Reportage dabei heraus . . .«
Fast mußte Bennie lachen. »Man braucht mir nichts zu überbringen. Ich fordere nichts für mich. Ich möchte, daß etwas für das Hungergebiet in Obertoga getan wird.«
Martin Wildmüller schluckte. Schweigen. Das mußte er erst verarbeiten. Obwohl er jedes Wort genau verstanden hatte, fragte er noch einmal nach.
»Ja«, bestätigte Bennie. »Das Hungergebiet in Obertoga.«
»Wie soll das gehen, Bennie?«
»Nun, ganz einfach. Man packt ein, was die Leute brauchen, und fliegt es dorthin.«
»Wer soll das tun?«
»Das ist mir egal.« Er fuhr fort: »Die Regierung, denke ich.«
Eine Frau mit zwei prall gefüllten Einkaufstüten blieb vor der Telefonzelle stehen. Sie sah Bennie mit einem fragenden Blick an. Sie hatte keine Lust, lange zu warten. Aber Bennie interpretierte ihren Blick falsch. Er fühlte sich erkannt. Wieder wurde ihm deutlich, daß sein Gesicht inzwischen in jeder Tageszeitung abgedruckt und in jeder Tagesschau gezeigt wurde. Solange er nur einen verräterischen Lkw fuhr, war es leicht.
Aber ab jetzt war sein eigentlicher Feind sein Gesicht. Er mußte sich verändern. Brauchte eine neue Frisur. Schützend hielt er beide Hände vor die Muschel, so als könnte er nur schlecht verstehen, was am anderen Ende der Leitung gesagt wurde. Notdürftig gelang es ihm so, sein Gesicht vor der Frau zu verstecken.

Inzwischen hatte Martin Wildmüller sich gefangen. »Wenn mich nicht alles täuscht, Bennie, ist das die dickste Nachricht, die ich je bekommen habe. Das wird ein Knüller! Junge, das hast du dir fein ausgedacht. Aber wie willst du wissen, daß sie dich nicht linken? Sie können einfach behaupten, sie hätten die fehlenden Nahrungsmittel geliefert, und du hast keine Möglichkeit, das zu überprüfen. Oder willst du etwa selbst nach Obertoga?«
Darüber hatte Bennie in der Tat noch nicht nachgedacht. Aber diese Arbeit nahm Martin Wildmüller ihm ab. Er redete sich fast in einen Rauschzustand.
»Zum Glück ist das alles heutzutage überhaupt kein Problem mehr. Die Medien! Wir haben alle Mittel in der Hand, um von jedem Punkt der Welt aus live zu übertragen, was immer wir wollen. Und für so eine Sache, da krieg ich jedes Kamerateam, jeden Satelliten. Mensch, Bennie, das ist es! Wo immer du steckst, du kannst vom Fernseher aus die ganze Aktion überwachen. Paß auf, Junge, ich schlag dir einen Deal vor. Du sprichst nur mit mir. Mit niemandem sonst. Die anderen würden dich ohnehin nur reinlegen. Ich bin deine Verbindung zur Außenwelt. Du kannst mir vertrauen. Völlig. Ich werde deine Forderungen über den Sender verbreiten und außerdem der Regierung übergeben. Ich formuliere das Ganze schon richtig. Keine Sorge! Und dann flieg ich mit einem Kamerateam nach Obertoga und überwache die Hilfsaktion. Wir werden live senden, du kannst dir alles anschauen. Und wenn die Aktion gelaufen ist, gibst du die Fässer raus.«
So einfach hatte Bennie sich das nicht vorgestellt. Auf die Idee mit der Live-Übertragung wäre er gar nicht gekommen. Ging das denn so einfach? Würden die das mit sich machen lassen? Waren seine Fässer wirklich so wichtig?

»Ja, so können wir es machen. Aber sag mal, Martin, bitte beantworte mir eine Frage. Was ist in den verdammten Fässern drin? Ihr habt selbst im Radio gesagt, daß über eine Million Tonnen Giftmüll jährlich einfach irgendwohin gekippt werden und dann . . .«
Die Frau stellte ihre Tüten gegen die Glasscheibe der Telefonzelle, nahm eine Banane heraus, schälte sie und biß genüßlich hinein.
»Ja, das ist so. Aber es gibt Unterschiede. Das eine Zeug ist gefährlicher als das andere. Und was du in deinen Fässern hast, dagegen ist das Seveso-Gift reinste Limonade. Du mußt vorsichtig sein. Du spielst mit deinem Leben, solange du in der Nähe der Fässer bist. Und wenn eins von diesen Dingern leck wird . . . Sei dir deiner Verantwortung bewußt, Bennie. Hast du noch irgendeine Botschaft, irgendeinen Satz? Ich meine, so etwas wie eine Botschaft an die Völker der Welt? Ich könnte das gut für dich verbreiten.«
Bennie spürte ein leichtes Schwindelgefühl. »Nein, so etwas habe ich nicht.«
»Wie bleiben wir weiter in Kontakt?«
»Ich ruf an.«
»Ja gut, aber wer weiß, wo ich bin – vielleicht in Obertoga, in Bonn oder . . .«
»Kann ich nicht einfach eine Nachricht für dich in deinem Büro hinterlassen?« fragte Bennie naiv.
»Um Himmels willen, dann weiß es gleich jeder! Du kannst nur mit mir persönlich sprechen. Halte einfach immer unseren Sender eingeschaltet. Beweg dich nicht aus unserem Sendegebiet. Sobald ich live am Mikrophon bin, kannst du mich wieder erreichen.«
Die Frau trat von einem Fuß auf den anderen. Sie wurde unruhig. Am liebsten hätte sie mit den Fingern gegen die

Glasscheibe getrommelt, aber noch zögerte sie.
»Ich muß Schluß machen.« Bennie hängte ein.
Auf so eine Story warten die meisten Journalisten ein Leben lang vergeblich, dachte Martin Wildmüller. Das war die Nachricht des Jahres.

26

Die Verlockung, jetzt alles sofort über den Sender nach draußen zu schicken, war groß. Nie war ihm eine Plattenansage schwerer gefallen als jetzt. Aber er brauchte Zeit. Mindestens ein paar Minuten. Zeit, um bei einem Cocktail die Sache in Ruhe zu überdenken.
Wenn du jetzt keinen Fehler machst, wirst du in wenigen Stunden zum weltbekannten Starreporter.
Während er auf Musikkonserven umschaltete und in die Kantine lief, stellte er im Kopf schon den genauen Forderungskatalog zusammen. Dieser Benjamin Wagner war im Grund eine Katastrophe. Okay, die Idee, Obertoga vom Hunger zu befreien, war vermutlich publicityträchtiger als ein Mondflug. Aber die Forderung mußte in allen Einzelheiten konkretisiert werden. Michel Mohr aus der Auslandsredaktion! Vielleicht könnte der weiterhelfen . . . Er hatte jahrelang in Afrika gearbeitet. Zwar nicht in den Hungergebieten, sondern in den Touristenzentren, aber immerhin, er kannte sich ein bißchen aus, wußte, was man brauchte. Oder, überlegte Martin Wildmüller, vielleicht war es besser, sich an ein Hilfswerk zu wenden und dort zu fragen, was man sinnvollerweise nach Obertoga transportieren mußte.
Nein, viel einfacher – er nahm ein Fläschchen Sekt aus

der Kühltheke, legte einen Zehnmarkschein hin, wartete nicht auf das Wechselgeld, sondern spurtete wieder hoch zu seinem Schreibtisch. Die Botschaft von Obertoga. Klar, daß die Leute dort am besten wußten, was man in ihrem Land dringend benötigte.

27

Zähflüssig verstrichen die drei längsten Stunden seines Lebens. Bennie verpaßte keine Nachrichtensendung. Keinen Werbespot. Keine Plattenansage. Als dann endlich die große Meldung über den Sender ging, saß er schon wieder im Fond seines Lkws. In der Scheune des baufälligen Waldhauses, das ihm Unterschlupf bot.
Seine Gefühle schwankten. Mal war er stolz auf sich, dann hielt er sich für einen bodenlosen Hochstapler, wollte heulen, unter einer Bettdecke verschwinden und mit der ganzen Sache nichts mehr zu tun haben.
Die ungewöhnlichste Erpresserforderung, die je gestellt wurde, nannte Martin Wildmüller Bennies Entscheidung. Zum ersten Mal fiel das Wort »Erpressung« im Zusammenhang mit Bennies Namen. Es löste einen Hall in ihm aus, vor dem er sich erst ein bißchen fürchtete. Er fühlte sich nämlich überhaupt nicht wie ein Erpresser. Erstaunt hörte er die detaillierte Auflistung all der Dinge, die Obertoga bekommen sollte: Zelte, Decken, Medikamente, Mehl, Fleischkonserven, Reis, Milch, Sojakeime, Schokolade für die Kinder in den Lagern. Die erste Lieferung von Hilfsgütern, die per Luftbrücke nach Obertoga gebracht werden sollte, belief sich auf gut fünfzigtausend Tonnen. Gleichzeitig sollten mehrere mit Lebensmittel

gefüllte Schiffe auslaufen, um auch in den darauffolgenden Wochen eine minimale Ernährung der Bevölkerung möglich zu machen. Sogar die Maximalgröße der Schiffe gab Martin Wildmüller durch, denn der einzige Hafen von Obertoga hatte für die richtigen Ozeanriesen ein viel zu kleines Becken.

Minuten später tuckerte Benjamin Wagners Forderung über Fernschreiber in die entlegensten Zeitungsredaktionen. Rundfunk- und Fernsehsendungen wurden für Sondernachrichten unterbrochen.

Erst als er die Radiomeldungen hörte, wurde Bennie wirklich klar, daß er es getan hatte. Jetzt fühlte er sich prächtig. Im Recht.

Zwei Namen geisterten durch die Medien der Welt: Obertoga und Benjamin Wagner. Und Martin Wildmüller sorgte dafür, daß auch sein Name gebührend gewürdigt wurde.

28

Rosa Winter saß neben ihrem Chef Riegel, als die Nachricht über den Sender lief. Für einen Moment glaubte sie, er könne seine Dienstwaffe nehmen und sich kommentarlos erschießen. Ja, sie traute es ihm zu. So sehr erschütterte ihn die Nachricht.

Doch Riegel blieb nur eine Weile reglos sitzen. Dann legte sich ein untypisches Lächeln über seine Lippen. Es wurde zu einem breiten Grinsen. Plötzlich platzte er lauthals los. Er lachte grell, unverschämt, gemein.

»Der macht sie fertig! Der macht sie alle fertig!« brüllte er und weidete sich an der Vorstellung vom ratlosen Gesicht

des Innenministers. Sofort schaltete er das Fernsehen ein. Riegel kannte sich mit Terroristen und Erpressern aus. Mehr als jeder andere. Er wußte, wo ihre schwachen Stellen lagen, warum sie scheiterten, ja, er konnte voraussagen, wie jeder einzelne scheitern würde, und warum man ihre Forderungen nicht erfüllte. Und Riegel wußte eins: Benjamin Wagner würde bekommen, was er wollte. So irrwitzig es klang, so unmöglich es sich anhörte: Die Hilfsgüter nach Obertoga würden bereits in den nächsten Stunden verladen werden. Denn Benjamin Wagner konnte mit etwas aufwarten, das noch keiner der bisherigen Terroristen besessen hatte: den Sympathien breitester Kreise der Bevölkerung.
Und er, Riegel, drückte ihm herzlich die Daumen. Warum, verdammt noch mal, sollte man die Menschen in Obertoga nicht mit Lebensmitteln versorgen? Deswegen würde bei uns niemand eine Kaffeebohne weniger in die Filtertüte schütten. Wahrscheinlich war die Aktion nicht teurer als zwei von diesen hochmodernen Jagdbombern. Aber etwas anderes brachte Riegel zum Lachen. Etwas ganz anderes. Dieser Benjamin Wagner demütigte den Innenminister. Und dem gönnte Riegel es. Weil Benjamin Wagner nicht einfach die besseren Karten hatte, sondern die moralische Überlegenheit und aus diesem Grund das Spiel gewann, war die Niederlage eine öffentliche Demütigung. Dieses siebzehnjährige Jüngelchen mußte die Regierung zwingen, eine selbstverständliche Hilfe zu leisten. Das war ein genialer Schachzug, Benjamin! Du hast dich ins Recht und alle anderen ins Unrecht gesetzt. So wirst du als Held aus dieser Geschichte hervorgehen und deine Gegenspieler als Lumpen.
Plötzlich wurde Riegel wieder bewußt, daß er selbst zu diesen Gegenspielern zählte. Es kam ihm unwirklich vor,

aber bis vor wenigen Minuten hatte er noch daran gearbeitet, Benjamin Wagner zur Strecke zu bringen. Jetzt war etwas anders geworden. Diese Meldung hatte alles verändert. Wer kämpft schon gerne gegen Robin Hood . . .

Als Riegel in die entsetzten Augen von Rosa Winter blickte, fing er sich sofort wieder. Doch er begriff, daß seine relativierenden Reden, seine Versuche, das Lachen staatstragend zu erklären, sinnlos waren. Für Rosa Winter galt er jetzt als klammheimlicher Sympathisant. Ausgerechnet er, der Terroristenjäger! Aber er sympathisierte wirklich zum ersten Mal in seinem Leben mit einer politischen Forderung. Bisher war Politik für ihn nichts weiter als ein schmutziges Geschäft gewesen. An Ideologien glaubte er so wenig wie an Parteiprogramme. Alle verbrämten doch nur mit schönen Worten, daß sie für sich privat soviel wie möglich herausholen wollten, aus dem großen Topf. Er hatte nicht den Ehrgeiz, Oberbürgermeister zu werden. Er brauchte es nicht für sein Ego. Er spielte lieber Cowboy und Indianer, wie seine Frau es nannte. Rosa Winter würde ihn möglicherweise denunzieren. Vielleicht schon heute. Sie war ihm bisher eine treue Mitarbeiterin gewesen. Doch er hatte ihre Loyalität falsch gedeutet. Sie war nicht ihm gegenüber loyal, sondern dem Apparat.

Sie zündete sich eine Zigarette an und verließ kopfschüttelnd das Zimmer. Er war für sie erledigt.

29

Susannes Vater stand hinter der Theke und zapfte Bier.

Er hatte genug Klare gekippt, um sich auf der Welt wieder einigermaßen wohlzufühlen, als er die Nachricht hörte.
Von seinem Platz hinter der Theke konnte er das Fernsehgerät nur aus einem äußerst ungünstigen Winkel sehen. Aber bei seinem schlechten Personengedächtnis ordnete er Benjamins Bild ohnehin nicht dem Zechpreller zu, der ihm vor kurzem entwischt war.
Er hatte nie einen Hehl aus seinen Meinungen gemacht. Sein politisches Programm sah etwa so aus: Ausländer raus. Terroristen den Kopf ab. Streiks verboten. Ruhe und Ordnung. Mit diesen Ansichten kam er bei seinen Stammkunden gut an. Doch als er jetzt wie bei ähnlichen Meldungen üblicherweise seine Forderung nach der Todesstrafe zum Stammtisch rüberrufen wollte, schluckte er sie in letzter Sekunde hinunter. Zu verständnisvoll wirkten die Gesichter seiner Gäste.
»Ist doch eine Schweinerei, wenn sie die Leute da unten krepieren lassen. Sind auch Menschen.«
»Die sind selbst schuld. Warum machen sie soviele Kinder? Und zu faul zum Malochen sind sie auch. Sonst hätten sie genug zu beißen.«
»Quatsch. Der Junge hat recht. 'n Orden hat er dafür verdient, 'n Orden, jawohl!«
Susanne schaffte es noch bis zur Wand. Sie lehnte sich an und rutschte dann mit einem tiefen Seufzer daran herunter, weil ihr die Beine nicht mehr gehorchten. Darauf mußte ihr Vater hinter der Theke sofort noch einen nehmen. Er war sich jetzt völlig sicher, daß seine Tochter schwanger war. Eine andere Erklärung gab es für ihr merkwürdiges Verhalten in den letzten Tagen nicht. Nur so ließ sich auch das Zittern seiner Frau erklären. Bestimmt wußte sie davon und traute sich nur nicht, es ihm

zu sagen. Er freute sich darüber. Endlich hatte er etwas, worüber er sich aufregen konnte. Jede Schwäche, die einer in der Familie zeigte, war wichtig für ihn. Diente ihm als Erklärung für seinen Suff und als Entschuldigung.

30

Die Pressekonferenz der Bundesregierung wurde live übertragen. Der Regierungssprecher tat Bennies Forderungen als unrealistisch ab und wies auf das ungelöste Transportproblem hin. Wobei er sich bemühte, gleichzeitig seine Abscheu vor Bennies Tat auszudrücken und doch sämtlichen Ländern der dritten Welt seine ungebrochene Solidarität zu versichern. Seinen Ausführungen nach arbeiteten die Regierungen der Welt bereits seit Jahrzehnten an der Lösung des Hungerproblems, aber so etwas ließe sich eben nicht übers Knie brechen.
Nicht offiziell eingeladen, aber anwesend, nutzte Martin Wildmüller die Situation, um sich in Szene zu setzen. Er wies auf die Transportflugzeuge der Bundeswehr hin, die im Ernstfall in der Lage wären, noch ganz andere Mengen von Nahrungsmitteln an die Front zu bringen. Kaum fünfzig Kilometer vor Obertogas Küste lag ein Flugzeugträger der US-Marine. Die Transportfrage, so Martin Wildmüller, sei ein Klacks. Das ganze Problem mit einem bißchen guten Willen lösbar.
In den Abendnachrichten meldete sich dann ein Flugkapitän zu Wort, der – ohne darum gebeten worden zu sein – bereits einen Plan aufgestellt hatte, nach dem der Transport der Hilfsgüter durch die Luftwaffe sichergestellt werden konnte.

31

Als Susanne wieder wach wurde, saß die Mutter an ihrem Bett. Sie wrang ein Tuch über einer Schale aus und kühlte ihrer Tochter damit die Stirn.

Eine beißende Sorge zerfraß Susanne fast. Jetzt, da Mutter wußte, daß es keine Beute geben würde und folglich auch keinen Anteil daran, hatte sie keinen Grund mehr, Bennie nicht zu verraten.

»Hast du ihn verpfiffen?«

Stumm schüttelte die Mutter den Kopf, doch Susanne traute ihr nicht. Zu oft war sie von ihr belogen worden.

»Im ersten Moment wollte ich es. Aber ich konnte nicht. Wir werden ihm weiter helfen. Einer muß es ja tun.«

»Du meinst . . .«

»Ja. Er ist ein guter Junge. Ich habe so einen Menschen noch nie kennengelernt. Kann sein eigenes Essen nicht bezahlen und versucht trotzdem, die Mäuler von Hunderttausenden zu stopfen. Wenn es dir besser geht, kannst du ihm alles bringen, was er braucht. Hauptsache, Vater merkt nichts. Meinetwegen kannst du ihm auch das tragbare Fernsehen schenken. Damit er sieht, was er anrichtet. Sie haben gerade die Bilder der hungernden Kinder gezeigt. Sie sind schon so apathisch, daß sie nicht mal mehr die Fliegen aus ihren Gesichtern vertreiben.«

Susanne richtete sich auf. Das Schwindelgefühl verflog. Sie fühlte sich wieder stark. Die Mutter nahm Susannes Hand und streichelte sie. Susanne konnte sich nicht daran erinnern, wann Mutter das zum letzten Mal getan hatte.

»Sag deinem Bennie, daß ich ihm alles, alles Glück der Welt wünsche. Aber sag ihm auch, er soll uns um Himmels willen nicht vergiften. Diese Fässer werden uns alle umbringen, wenn er sie nicht . . .« Sie stockte. ». . . ich

trau mich nicht mehr, Teewasser aufzubrühen. Immer denke ich, vielleicht ist das Zeug schon im Grundwasser.«
»Mach dir keine Sorgen, Mutti. Er macht keine Dummheiten. Ich paß schon auf.«
Susanne nahm das Fernsehen und schnappte sich eine Plastiktüte mit Coladosen.
»Soll ich dir tragen helfen? Soll ich mitgehen?«
Stumm schüttelte Susanne den Kopf und ging. Sie begriff, daß ihre Mutter gern an ihrer Stelle gewesen wäre. Sie hatte ihrer Mutter unrecht getan. Irgendwo hatte auch sie Mitgefühl. War voller Drang nach Gerechtigkeit. Susanne begriff, daß Bennie die Menschen zwang, sich zu entscheiden. Dazwischen gab es nichts. Seine Tat beendete die Gleichgültigkeit. Sie förderte das verschüttete Gute im Menschen nach oben. Aber auch alles andere würde er hochspülen. Haß, Neid, Angst und Gemeinheit.

32

Er hörte ein Geräusch. Sofort drehte er das Radio ab, dabei hatte er das bestürzende Gefühl, sich selbst auszuschalten. Es war, als hätte er etwas Wertvolles verloren. Aber er konnte es nicht benennen. Vermißte eigentlich nichts und trotzdem fehlte jetzt etwas, dessen Name und Bedeutung er noch nicht kannte, aber schon erahnte.
»Susanne?«
»Ich bin's!«
Der Klang ihrer Stimme brachte ihn zum Rennen. Keine Sekunde konnte er es mehr ohne sie ertragen. Er umarmte sie so stürmisch, daß sie fast gemeinsam zu Boden gefallen wären. Dann weinte er. Weinte vor Glück.

Weinte vor Angst. Weinte, weil er keine Worte hatte, um seine Gefühle auszudrücken. Weinte, weil er wußte, daß sein Leben nie wieder so sein könnte, wie es einmal war.

»Wein ruhig«, sagte sie, »heul dich aus.«

Das hatte sie an den Fernsehhelden immer vermißt. Sie waren unecht. Sie wollte es ihm sagen, schwieg aber.

Zu gern wollte er das Fernsehgerät einschalten, aber er fand nicht eine funktionsfähige Steckdose im Haus. Mit einiger Fummelei gelang es ihm, das Gerät an die Autobatterie anzuschließen. Die ersten Bilder, die noch unscharf, konturenhaft auf dem Bildschirm zu erkennen waren, zeigten eine Demonstration in Frankfurt. Der Ton war da, zwischen Polizeisirenen und Gehupe hörte er deutlich Sprechchöre: »BENNIE! BENNIE! BENNIE!« Dann sah er die Bilder steinewerfender Demonstranten. Langsam schwenkte die Kamera über die eingedepperten Schaufensterscheiben eines Pelzgeschäfts. Die in Nerz und Zobel gehüllten Schaufensterpuppen lagen umgekippt zwischen Preisschildern und Hüten. Ein Lautsprecher kündigte Wasserwerfer an. Demonstranten bildeten Ketten, und über allem der Ruf: »BENNIE! BENNIE! BENNIE!«

Als ob er dafür von Susanne die Bestätigung brauchte, sagte er: »Die meinen mich.«

Susanne nickte stumm.

> »Zu spontanen Demonstrationen kam es auch in Bremen, Hamburg, Berlin, Nürnberg und Köln. In Frankfurt und Berlin kam es im Anschluß an diese Demonstrationen zu Straßenschlachten zwischen Demonstranten und der Polizei. In Berlin wurde ein Polizeifahrzeug angezündet. Bei den Ausschreitungen

in Frankfurt wurden vierzehn Demonstranten und drei Polizeibeamte verletzt.«

33

Jeder Täter verhielt sich nach einem bestimmten Muster. Etwas Sinnvolleres als die Rasterfahndung konnte Riegel sich nicht vorstellen. So wie der berüchtigte Bombenspezialist Schaffmann über seine Vorliebe für Kakao und Sachertorte gestolpert war, so hatte auch Bennie bei aller spontanen Unlogik seiner Handlungsweise ein Kennzeichen: Bennie bezahlte nie.
Bereits wenige Stunden, nachdem Riegel die Leitung der Jagd übernommen hatte, ging eine entsprechende Anfrage von ihm heraus. Jetzt, während Fernsehapparat und Radio gleichzeitig liefen, brachte Rosa Winter die Computerauswertung. Sie bemühte sich um Sachlichkeit, aber er sah ihr an, daß sie innerlich bebte. Ihr versteinertes Gesicht konnte darüber nicht hinwegtäuschen.
Im fraglichen Zeitraum wurden 1.112 Zechpreller gemeldet. 902 Personen konnten anschließend festgenommen und eindeutig identifiziert werden. Benjamin Wagner war nicht dabei. Von dem Rest waren 86 Frauen und 124 männliche Jugendliche. Von ihnen handelten aber nur 21 als Einzeltäter. Und nur die kamen wirklich in Betracht. Denn es war kaum anzunehmen, daß Mittäter von Bennie bei seiner Marotte, ohne zu bezahlen, abzuhauen, mitspielen würden. Auf zwei von den 21 paßte Bennies Beschreibung. Einer von ihnen lag bereits mit einem Bauchschuß auf der Intensivstation. Von dem anderen fehlte jede Spur.

Riegel sah sich den Ort genauer an. Ein kleines Dorf, ein Ausflugslokal, rundherum Wald und ein paar kleine Seen. Ja, genau dort steckte er. Riegel war sich völlig sicher. Drei Hundertschaften und eine Hubschrauberstaffel würden ausreichen, um ihn aufzuspüren und zu fassen. Natürlich bestand die Möglichkeit, einen Falschen zu erwischen. Aber die Trefferquote bei dieser Art der Fahndung war geradezu phänomenal.

Fast ein bißchen amüsiert stand Riegel vor der Karte. Ich hab dich, Benjamin Wagner, grinste der Spürhund in ihm. Ich hab dich. Riegel ist der Champion. Ich krieg euch alle.

Da tuckerte die Meldung vom ersten gefundenen Faß auf Riegels Schreibtisch. In einem Waldgrundstück in der Nähe einer Müllkippe am Rande der Kreisstadt hatte man ein nur notdürftig mit Blättern und Zweigen verstecktes Faß gefunden. Im Erdloch, das ein umgestürzter Baum hinterlassen hatte. Diese Stelle war keine zwanzig Kilometer Luftlinie von dem Ausflugslokal entfernt.

Riegel strich sich mit dem Handrücken über die Bartstoppeln. Das war's, Benjamin Wagner. Eigentlich schade, jetzt, wo du so kurz vor deinem Ziel bist. Riegel setzte sich und zählte seine restlichen Kreislauftabletten. Vielleicht hätte dieser Benjamin Wagner ihn über kurz oder lang mürbe machen können.

Im Fernsehen live auf dem Bildschirm Martin Wildmüller.

> »Ja, Bennie, wer hätte das gedacht? Ich stehe hier auf dem Frankfurter Militärflughafen. Hinter mir siehst du die Maschinen auf der Rollbahn. Was dort verladen wird, Bennie, das sind Zelte und Decken für Obertoga. Gleich wird die erste Maschine starten.«

»Er hat sie geschafft«, staunte Riegel, »es ging schneller als ich dachte.«

Erregt stürmte Rosa Winter herein. »Haben Sie gehört? Die erfüllen die Forderungen! Das ist gegen alle bisherigen ...«

Für einen kurzen Moment war es zwischen ihnen wieder wie früher. Aber nur für einen kurzen Moment. Dann wurde Rosa Winters Gesicht wieder zur Maske. Sie schwiegen und lauschten dem Fernseher.

> »Die Sache ist natürlich erfreulich, Bennie. Obwohl man offiziell deine Forderungen noch nicht akzeptiert hat. Laut Angaben des diensthabenden Offiziers ist dies hier nur eine selbstverständliche, freiwillige Leistung, die in keinem Zusammenhang mit deinen Forderungen steht.«

Du hast sie also kleingekriegt, Benjamin Wagner. Du siebzehn Jahre alter Hauptschüler. Du Spatzenhirn. Wenn du wüßtest, wie ich mich für dich freue. Ich hoffe, du verzeihst mir, daß ich jetzt dem Spiel ein Ende bereiten muß. Vielleicht sehen wir uns mal wieder in einer anderen Welt und stehen dann gemeinsam auf einer Seite ...

Riegel griff zum Telefon. Er hatte den Fall gelöst. Der Rest war reine Routine.

Riegel legte den Hörer wieder auf. Er zögerte. Rosa Winter sah ihn fragend an. Erriet sie seine Gedanken?

Wenn ich dich jetzt festnehme, dann ist die Hilfsaktion für Obertoga beendet. Will ich das? Kann das mein Ziel sein? Ich muß dich fangen, klar, das ist mein Part in diesem Spiel. Aber wer hindert mich, mein Wissen über deinen Aufenthaltsort noch ein paar Stunden für mich zu behalten? Zum Beispiel, bis die ersten Güter in Obertoga sind. Danach schnappe ich dich, und du bekommst einen fairen Prozeß. Und ich bin mir sicher, Junge, du wirst glänzend dabei wegkommen. Auf jeden Fall viel besser als die Regierung, die von dir erpreßt werden mußte, Menschenleben zu retten.

Ich erfülle meine Pflicht – nur eben etwas verzögert. Wenn ich sofort zuschlage, bringen die es fertig und stoppen die Hilfsaktion. Ich würde also praktisch den Hungernden in Obertoga das Brot wegnehmen, wenn ich dich zu früh festsetze. Nein, Bennie, das will ich nicht. Sollen die erst bekommen, was du für sie gefordert hast. Danach bekommt dich der Staatsanwalt, und die Fässer werden ordnungsgemäß vernichtet, und alles löst sich in Wohlgefallen auf. Und wenn sie dich wirklich für längere Zeit einsperren, schicke ich dir höchstpersönlich einmal pro Monat ein Paket mit Gebäck, Zigaretten, was du willst... Hauptsache, du machst bei der Verhaftung keine Zicken. Aber warum solltest du, wenn du vorher bekommen hast, was du wolltest... Mehr als vierundzwanzig Stunden kann ich dir nicht geben. Mehr auf gar keinen Fall.

Ohne anzuklopfen, traten zwei Herren in Straßenanzügen ein, die Riegel nicht kannte. Aber er war ein alter Hase und wußte sofort: Die gehören zum S 1. Sind zuständig für die innere Sicherheit des Apparats. Sie zeigten ihre Ausweise vor. Riegel sah gar nicht hin. Hatte Rosa Winter sein Lachen ernsthaft weitergemeldet? Kamen die deswegen? Er konnte es nicht glauben.

Mit den beiden Herren trat ein unscheinbar wirkender, kleingewachsener Mittdreißiger ein, der als einziger auf Riegel zuging, ihm die Hand über den Schreibtisch hielt und sagte: »Sie sind raus aus der Sache, Herr Riegel. Ab sofort wird jemand anders den Fall übernehmen.«

»Ja, aber...«

»Die Zuständigkeiten haben sich eben geändert. Sie müssen das verstehen. Wir haben keine Zeit für Diskussionen. Sie sind vom Dienst suspendiert.«

»Aber warum?«

Jetzt trat einer von den S-1-Typen vor. Mit seinem Bürstenhaarschnitt und der langen Nase sah er aus wie eine Mischung aus Mathematikprofessor und Rausschmeißer. »Sie sind überarbeitet. Wie lange haben Sie nicht mehr geschlafen? Da müssen jetzt einfach andere Leute ran, die frisch sind und zupacken können.«

»Aber Sie können mir nicht so einfach den Fall abnehmen! Das ist mir noch nie passiert! Woher nehmen Sie das Recht . . .«

»Anweisung vom Herrn Innenminister persönlich.«

In der gleichen Sekunde begriff Riegel. Es ging gar nicht um ihn. Es ging gar nicht um seinen Lacher. O nein, es ging nur um Benjamin Wagner. Man hatte das Todesurteil über ihn gefällt. Bennie durfte nicht vor Gericht gestellt werden. Konnte nicht einfach gefaßt werden.

Sie werden ihn abknallen, dachte Riegel. Er hat sie so sehr in die Enge getrieben, er läßt ihnen gar keine andere Wahl. Sie sind sich nicht sicher, ob ich dabei mitmachen werden. Die Akten auf meinem Schreibtisch hat mein Nachfolger in knapp zwei Stunden aufgearbeitet. Wenn er an der richtigen Stelle anfängt, dauert es keine zehn Minuten, und er wird aus der Statistik der Zechpreller genauso schlau wie ich. Dann ist Benjamin Wagner tot, noch ehe die erste Maschine mit Hilfsgütern in Obertoga landen kann.

Riegel hatte keine Chance, die Computerbögen an sich zu nehmen. Die beiden Figuren vom S 1 hätten sofort etwas bemerkt. Sie lauerten nur darauf, daß er versuchte, etwas verschwinden zu lassen. Diese Computerbögen waren Beweis genug gegen ihn. Wie sollte er erklären, daß aus den

Papieren eindeutig hervorging, wo Benjamin Wagner war, und er hatte es noch nicht weitergemeldet? Würde man ihm glauben, daß er gerade erst . . .
Er sah in die Gesichter. Die glaubten gar nichts. Die wurden für ihr Mißtrauen bezahlt. Denen mußte man seine Unschuld beweisen. Nicht umgekehrt.
Je schlimmer die Situation für ihn wurde, um so kühler betrachtete er sie. Fast, als säße er im Kinosessel mit einer Tüte Erdnüsse in der Hand und alles liefe nur auf der Leinwand ab. Er hatte jetzt etwas von einem Kinohelden. Er schauspielerte glänzend. Er hob die Arme hoch über seinen Kopf, atmete erleichtert auf, ließ sie wieder heruntersausen und sagte: »Okay, okay, Sie können das Büro haben. Ich wünsche Ihnen viel Vergnügen. Durch die Überstunden der letzten Zeit habe ich viel Freizeit gut. Mindestens sechs Wochen Urlaub. Ich schätze, niemand hat etwas dagegen, wenn ich den jetzt nehme. Ich hab ihn nötig. Viel Spaß.«
Der kleine, agile Mitdreißiger griff zum Telefon und wählte aus dem Kopf eine Nummer. Er fühlte sich als Sieger. Er hatte mit mehr Schwierigkeiten gerechnet. Er war erleichtert. Mit Männern wie Riegel legte er sich nicht gerne an. Er war einer der Müllmänner aus dem Innenministerium. Zuständig für die Drecksarbeit. Was er tat, war notwendig, brachte aber keine Lorbeeren. Er haßte seinen Beruf. Seine Frau behauptete, er täte das alles nur, weil er sich selbst nicht leiden könnte.
Ich muß bei ihm sein, bevor sie ihn finden. Ich muß ihn warnen. Sie legen ihn sonst um, dachte Riegel und beschleunigte seine Schritte. Die fürchteten den Prozeß gegen Benjamin Wagner mehr als alles andere. So eine Figur stellte man nicht vor Gericht. Man verurteilte Robin Hood nicht in aller Öffentlichkeit. Benjamin Wagner war

längst mehr geworden als ein krimineller Autodieb und Erpresser. Er war eine moralische Institution. Er konnte sterben, aber nicht abgeurteilt werden.

34

In der ersten Maschine, die nach Obertoga abhob, befanden sich neben Flugpersonal, den Zelten und Medikamenten auch noch Martin Wildmüller und ein Kamerateam. Zwischen seinen Knien hielt Martin Wildmüller sorgfältig eine Kühlbox. Seine Mitarbeiter glaubten darin Tonbänder, Filmmaterial oder andere Arbeitsutensilien. Als er zum Erstaunen aller in zehntausend Metern Höhe die Kühlbox öffnete, enthielt sie die Grundausstattung für ein paar hervorragende Drinks: zwei Flaschen Gin, Lemon Juice, eine Flasche Cointreau, Grenadine, Ananasscheibchen, Cocktailkirschen, eine Flasche weißen Rum, Zuckersirup, Galliano, Zitronen, ein Barsieb und einen Shaker.

»Man kann ja nie wissen, was einen erwartet«, scherzte Martin Wildmüller, der keinen Grund sah zu verheimlichen, daß er in Bombenstimmung war. Er zog eine Flasche nach der anderen hervor und wog ab, welche er als erste köpfen sollte.

Der bärtige Kameramann mit Bierbauch kaute auf seiner kalten Pfeife herum, weil er sich das Rauchen abgewöhnen wollte, schüttelte den Kopf und murmelte ungläubig: »Du bist der abgebrühteste Hund, den ich kenne, Wildmüller.«

35

»Die eigentliche Frage ist für mich nur«, sagte der evangelische Pfarrer Konrad Hausmann, »sind wir in der Lage, den Hungernden zu helfen, oder sind wir es nicht? Wenn wir es können und es nicht tun, machen wir uns eines Verbrechens schuldig. Ich glaube, im bürgerlichen Gesetzbuch heißt das ›unterlassene Hilfeleistung‹. Offensichtlich können wir helfen. Warum also tun wir es nicht? Warum muß uns Benjamin Wagner überhaupt erst dazu zwingen? Auch ich selbst muß mich mit der Frage konfrontieren: Was habe ich getan? Wie konnte ich leben mit dem Wissen . . .«

Susanne sah Bennie an und hielt seine Hand. Durch jedes Wort im Fernsehen, durch jede Sendesekunde wurde Bennie größer für sie. Er selbst aber schien übel gelaunt, ja, sauer zu sein.

»Was ist, Bennie? Warum guckst du so wütend? Ist doch toll, was der sagt. Der nimmt glatt Partei für dich!«

»Quatsch, der redet auch nur. Die müssen jetzt was rausrücken, wenn sie es ernst meinen. Für einen, der Hunger hat, ist nur Nahrung konkret. Das habe ich in den letzten Tagen am eigenen Leib erfahren. Warum verschachern sie nicht die Reichtümer im Vatikan und kaufen dafür Brot?«

»Das ist ein evangelischer Pastor. Was hat der mit dem Vatikan zu tun?«

Er merkte, daß er sich vergaloppiert hatte. Fast aus Verlegenheit riß er eine Coladose auf. »Trotzdem. Egal, ob evangelisch oder katholisch. Kapitalistisch oder kommunistisch. Geredet worden ist genug. Taten sind gefragt.«

36

Jeder regennasse Hund roch besser. Diese Mischung aus Schweiß, Urin, kaltem Tabakrauch und Alkohol brachte Susanne zum Würgen. Sein Körpergeruch machte ihr Angst. Beschwor die Alpträme ihrer Kindheit. Er roch anders, wenn er aggressiv wurde. Nicht nur sein Aussehen veränderte sich. Sie hatte nie zu jemandem darüber gesprochen. Aus Scham und Angst, verlacht zu werden, hatte sie den Mund gehalten. Jetzt schrie sie: »Laß mich in Ruhe! Du stinkst! Hau ab!«
Natürlich stachelte ihn das nur noch mehr an. Sie hob die Arme hoch, um ihren Kopf zu schützen und, obwohl er ungelenk und langsam war, erwischte er sie zweimal kurz hintereinander links und dann rechts im Gesicht. Ihre Wangen brannten. Er hustete. Es strengte ihn an. Ermüdete ihn. Vielleicht, hoffte sie, machte sein Herz gleich nicht mehr mit . . .
Er verfolgte sie um den Tisch, schlug mehrfach ins Leere und keuchte. Dann, wie eine Demonstration seiner Macht, hob er den Tisch zur Seite und scheuchte sie in die Ecke zwischen Schrank und Wand, aus der sie nicht entkommen konnte. Sie kauerte sich zusammen, wurde zu einem kleinen Bündel Mensch, auf das er nun wutentbrannt eindrosch.
»Du gottverdammtes Luder! Du Flittchen! Diese Schande! Wer hat dir das Balg gemacht? Gesteh!«
»Laß sie in Ruhe!« brüllte die Mutter. »Willst du sie totschlagen?«
Er sah sich zu ihr um, sagte nichts, aber aus seiner Körperhaltung ließ sich ablesen, daß er das für gar keine schlechte Idee hielt.
Ich werde ihn nicht verraten. Ich werde ihn nicht verra-

ten. Ich werde ihn nicht verraten. Keine Angst, Bennie, ich halte dicht. Und wenn er mich zu Brei schlägt, ich werde dich nicht verraten. Sie versuchte, immer nur daran zu denken.
Es machte die Schmerzen erträglicher, weil es ihnen einen Sinn gab. Prügel zu beziehen für eine Sache, hinter der man stand, war auszuhalten. Aber einfach nur so – völlig sinnlos – gehauen und gedemütigt zu werden ... Für eine Liebesgeschichte, die sie nicht erlebt hatte ... Für eine Schwangerschaft, die nicht existierte ... das fand sie unmenschlich.
»Laß sie in Ruhe! Denk doch an das Kind!« keifte Mutter, als er Susanne zum zweiten Mal trat. Tatsächlich stimmte ihn dieser Einwand nachdenklich. Schnaufend verließ er das Zimmer. Draußen setzte er wie immer, wenn die Wut ihn packte, die Kornflasche direkt an die Lippen. Wenn er Schnaps aus der Flasche trank, setzte es Prügel. Manchmal für Susanne, manchmal für ihre Mutter oder auch für beide. Mit einem feuchten Lappen wischte sie ihrer Tochter die Blutspuren aus dem Gesicht. Susannes Lippen sprangen manchmal schon auf, bevor er sie schlug. Rissen freiwillig ein und bluteten, wie um dem Schlag zuvorzukommen.
»Warum hast du das gesagt, Mutter? Jetzt denkt er wirklich, daß ich schwanger ...«
»Mir fiel nichts anderes ein. Ich dachte, dann läßt er dich wenigstens in Ruhe.«
»Du hast ihn noch wütender gemacht. Ich sag's dir. Laß uns abhauen. Wenn er noch eine Stunde weitersäuft, wird er zum Tier.«
»Steh auf!«
»Ich kann nicht. Aber wir könnten versuchen, ihm ein paar Schlaftabletten zu geben.«

»Steh auf! Der ißt jetzt sowieso nichts mehr. Laß uns zu Bennie.«
»Du meinst, wir sollen zu ihm flüchten?«
»Zu wem sonst?«
»Mutter – er wäre der letzte, der uns beschützen kann. Er wird selber gejagt. Wenn der Alte ihn verpfeift, dann . . .«
Die Mutter strich ihr die Haare aus der Stirn und sah sie an. »Ich denke, er ist ein Held, dein Bennie.«
»Wenn du wüßtest . . .«
»Was soll das? Er fordert die ganze Regierung zum Duell. Legt sich mit der Polizei an, dem Staat, will Hunderttausende retten, ein ganzes Hungergebiet sanieren. Aber er soll nicht in der Lage sein, seine Freundin vor ihrem besoffenen Vater zu beschützen?«
»Ach Mama, der ist froh, daß er lebt. Der hat nachts im Dunkeln Angst, fürchtet sich vor dem Alleinsein, hält sich für einen Versager und . . .« Sie kicherte plötzlich. » . . . und glaubt, daß er Frauen völlig kaltläßt.«
»Du meinst . . .«
»Ja, er glaubt, daß er bei Mädchen keine Chance hat!«
Jetzt lachten sie gemeinsam über die Dummheit der Männer. Trotz Tränen im Gesicht, trotz Susannes blutender Lippen fühlten sie sich – eng aneinandergerückt – plötzlich überlegen.
Als er mit seinem Ledergürtel, den er sich aus dem Hosenbund gezogen hatte, in der anderen Hand die fast leere Schnapsflasche, im Türrahmen erschien, ahnte er nicht, daß sich ein bisher unbekannter Widerspruchsgeist in den Frauen regte. Da sie so eng zusammenstanden und sich umklammerten, ließ er den Gürtel, ohne darauf zu achten, wen er traf, durch die Luft sausen. Er sah noch, daß Susanne ihrer Mutter etwas ins Ohr flüsterte, und er schrie: »Die Geheimniskrämerei hat jetzt ein Ende!«

Unerwartet für ihn sauste die Gürtelschnalle nicht zurück, sondern wurde von Susanne festgehalten. Der Gürtel straffte sich. Sie riß mit beiden Händen daran. Er nur mit einer. Doch er hatte sich das Ende des Ledergürtels ums Handgelenk geschlungen. Ihr Widerstand stachelte ihn auf. Jetzt würde es erst recht Prügel setzen! Wütend schleuderte er seine Flasche über die Köpfe der Frauen und packte dann den Gürtel mit beiden Händen. Aber Susanne ließ nicht los. Sie biß die Zähne aufeinander und fauchte wie eine Wildkatze. Er verlor seine Frau völlig aus den Augen. Zwei Sekunden reichten. Als er bemerkte, daß sie vor ihm kniete und den Reißverschluß seiner Hose öffnete, war es schon zu spät. Bis er begriff, daß die beiden Frauen gemeinsam gegen ihn kämpften, hatte sie ihm die Hose bereits bis zu den Knien gezogen und verpaßte ihm einen Stoß in den Bierbauch. Er taumelte. Susanne ließ den Ledergürtel los. Er verlor das Gleichgewicht, stolperte über die herabhängende Hose und versuchte, sich am Stuhl festzuhalten, riß ihn aber mit sich um.
Die Frauen stürmten an ihm vorbei zur Tür. Er sah, daß Susanne ihm einen Tritt verpaßte. Ihr hätte er das nicht zugetraut. Seiner Frau schon. Er war zu empört, um den Schmerz zu spüren. Als er wieder auf den Beinen stand, hatten die Frauen die Tür verschlossen und schoben einen Schrank dagegen.
»Macht auf oder ich schlage das gesamte Mobiliar kurz und klein!« drohte er.
»Viel Spaß dabei!« wünschte ihm Susanne und konnte sich ein Kichern nicht verkneifen, als Mutter voll geheuchelter Sorge spottete: »Paß nur auf, daß du dir keinen Bruch hebst!«

37

Wie soll jemand schlafen, wenn die ganze Nacht über ihn im Fernsehen berichtet wird. Wenn Journalisten und Kommentatoren in Gedankenspielchen alle Möglichkeiten durchrechnen, was weiter mit ihm passieren könnte? Wenn sich die Ereignisse überschlagen? Wenn alles so aussieht, als geschehe es im Fernsehen, aber man in Wirklichkeit mittendrin steckt?

Bennie fühlte inzwischen, daß er gewinnen konnte. Er hatte sie in eine Zwickmühle gebracht. Niemand konnte behaupten, daß es schlecht sei, Menschenleben zu retten. Der Gedanke war nicht einmal besonders abwegig. Verstieß auch nicht gegen das Grundgesetz. In hektisch zusammengestellten Expertenrunden diskutierten Wissenschaftler und Journalisten die Problematik der Entwicklungshilfe, der Überbevölkerung, der Bodenerosion und des Weltwährungssystems. Oftmals verstand Bennie nicht, was sie sagen wollten, hatte aber das Gefühl, hinter all den schönen Worten versteckten sie sich. Setzten Wortmasken auf.

Alles, was sie jetzt erzählen, Bennie, hat den Hunger nicht gestoppt. Das mußt du dir immer vor Augen halten. Dann kannst du ihnen nicht in die Falle gehen. Das redete er sich immer wieder ein. Er verstand nichts von Export, Import, Weltmarktpreisen, Ölpreisstrategien und Hilfkontingenten.

Das Wort »Monokultur« hatte er in der Schule schon einmal gehört. Es war im Erdkundeunterricht. Aber er konnte sich nicht mehr daran erinnern, was es bedeutete. Manchmal lachte er vor dem Fernseher laut auf, wenn einer der Experten behauptete: »Und das, meine Damen und Herren, hat Benjamin Wagner lange vor uns begriffen ...« oder »Um es einmal mit Benjamin Wagners Worten zu sagen ...« Was für kluge Gedanken die ihm unterstellten! Was sie alles in ihn hineingeheimnisten! Er sollte zur Untermauerung auch der letzten haltlosen These dienen.

»Was vierzig Jahre politischer Aufklärung nicht erreicht haben, hat Benjamin Wagner in wenigen Tagen geschafft: die Problematik der dritten Welt wirklich in unsere Köpfe zu hämmern.« Der das sagte, trug eine rote Latzhose und sah aus wie einer von dieser neuen Männergeneration, die zu Hause die Kinder versorgen und den Haushalt richten, während die Frauen sich im Berufsleben abplagen. Angeblich waren sie auch schon lange nicht mehr gefragt. Doch was der da sagte, gefiel Bennie. Er hatte etwas geschafft, was anderen in vierzig Jahren nicht geglückt war. Na bitte!

38

Riegel war eine Station in Richtung Süden gefahren und von dort zweimal hintereinander das Taxi wechselnd im Zickzackkurs in Bennies Richtung. Jetzt näherte er sich Bennies Unterschlupf mit dem Bus. Er wußte, daß er durch sein Verhalten seine Spur nur notdürftig verwischt hatte. Jeder normalintelligente Fahnder war in der Lage, sie binnen kürzester Zeit zurückzuverfolgen. Aber für großartige Hasensprünge blieb ihm keine Zeit. Er mußte vor ihnen bei Bennie sein. Sie hatten alle das gleiche Ziel. Es kam nur darauf an, wer zuerst da war. Er beschäftigte sich nur noch mit einem Gedanken: Wie konnte er Bennie retten? Er hinterfragte seine Hilfe nicht länger. Mehr als

dreihundert Mark Bargeld hatte er nicht in der Tasche. Seine Dienstwaffe. Seinen Führerschein. Eine Diners-Club-Karte. Eine American-Express-Karte. Neun Euroschecks und eine Rolex, für die er in den entsprechenden Läden mindestens dreitausend Mark bekam.
Wenn ihn die Angst beschlich, was aus ihm selbst werden sollte, drängte er sie aus dem Kopf, indem er sich einredete, daß die Wahrheit irgendwann herauskommen würde, und dann hatte er vorbildlich gehandelt, und die anderen waren die Dummen. Politische Schweinereien kamen immer irgendwann heraus.
Er durfte nicht soviel nachdenken. Das machte ihn nur verrückt. Die Sinnfrage hatte ihn bei seiner Arbeit nie sonderlich beschäftigt. Er wußte, wenn man die Dinge hinterfragte, gerieten sie ins Wanken. Sahen Sachen plötzlich ganz anders aus, und was gerade noch sinnvoll erschien, wurde plötzlich unsinnig.
Sollte er jetzt zum Robin Hood werden? Ausgerechnet er? Wollte er allen zeigen, wieviel Menschlichkeit er sich bewahrt hatte, indem er jetzt Bennie half? Er sagte laut zu sich: »Ich werde nur verhindern, daß sie dich töten. Mehr nicht, Bennie. Aber das ist meine Pflicht.«
Hatte er etwas gutzumachen? Oder war das jetzt seine Midlife-Crisis? Gab es ein Zurück? Wie würden seine Freunde dazu stehen? Hatte er überhaupt Freunde?
Das mußte der Gasthof sein. Das Ausflugslokal. Hier hatte Benjamin Wagner zum letzten Mal die Zeche geprellt. Feine Gegend für ein Indianerspiel. Ein fast verträumtes Tal. Wenn man mit Riegels Augen sah, hatte das Tal nichts Friedvolles an sich. Im Gegenteil. Auf jedem Hügel lauerten Scharfschützen. An jeder Bushaltestelle warteten Greifer. Hinter den Bäumen, dort am Rande des Ortes, versteckte sich die Hubschrauberstaffel. Das zu

durchkämmende Gebiet war größer als Riegel geglaubt hatte. Auf der Karte sah immer alles so klein aus. Sie mußten ihn weiträumig einkreisen. Durften auf keine Fall das Risiko eingehen, ihn außerhalb ihres Ringes zu haben. Wenn er etwas merkte und sie hatten ihn nicht auf Nummer Sicher, konnten sie ihre Karrieren in den Wind schreiben.

Ich selbst, dachte Riegel, kann ganz anders handeln. Ich muß im Innern des Ringes anfangen. Jawohl. Das ist meine Chance. Ich bin nur ein einsamer Spaziergänger im Wald. Ich werde keine dummen Fragen stellen. Nicht im Gasthof und auch sonst nirgendwo. Ich muß mich ganz auf mich allein verlassen. Jedes Gespräch kann verräterisch sein.

Die Tür zum Gasthof war offen, aber es befand sich niemand im Schankraum. Auch die Küche menschenleer. Hier stimmte etwas nicht. Spuren eines Kampfes waren nicht zu sehen. Trotzdem wußte Riegel, daß hier gerade etwas Ungewöhnliches geschehen war. Der Ort atmete es geradezu aus.

Logisch bleiben, Riegel, ganz logisch. In solchen Dörfern lassen die Leute ständig die Türen offenstehen. Jeder kennt jeden. Niemand klaut. Einer paßt auf den anderen auf. Warum soll der Wirt abschließen? Vielleicht ist er nur in die Kreisstadt gefahren, um eine Besorgung zu machen. Vielleicht befindet er sich im oberen Stock und hält ein Mittagsschläfchen. Vielleicht hat Bennie ihn auch als Geisel genommen . . .

Für einen Moment dachte er daran, nach oben zu gehen, um nachzuschauen. Aber dann verließ er die Gaststätte wieder. Bennie nahm keine Geiseln.

Er war nicht als Beamter hier. Er wollte sich nicht ausweisen. Wie sollte er seine Anwesenheit in den oberen Räu-

men erklären, wenn er dort auf den Besitzer der Gaststätte traf? Er zog es vor, einmal durchs Dorf zu gehen und sich alle Fahrzeuge genau anzusehen. Wenn Benjamin Wagner seinen Lkw hier irgendwo versteckt hielt, mußte es Spuren geben. Hier war nur die Hauptstraße asphaltiert.
Dort vor dem Pferdestall stand ein Lkw. Nicht das gesuchte Modell, aber Riegel ging trotzdem hin und sah sich die Reifenstruktur an. Er konnte sich so etwas photographisch genau einprägen. Dieser Spur würde er nirgendwo durch den Wald folgen. Einen zweiten Lkw fand er nicht. Und die großen Reifen der Trecker konnte ohnehin nur ein Anfänger mit Lkw-Abdrücken verwechseln. Seine Chancen standen gar nicht so schlecht.

39

Bennie fand die Idee idiotisch. Kamen zu ihm. Ausgerechnet! Sollte dieses verfallene Jagdhaus nun ein Frauenhaus werden? War er ab jetzt für alles Elend der Welt zuständig? Natürlich taten sie ihm leid. Nichts hätte er lieber getan, als für die beiden den Helden zu spielen. Den Beschützer.
»Wenn er die Polizei alarmiert, haben sie in kürzester Zeit . . .«
»Nein!« unterbrach die Mutter ihn. »Das ist das Letzte. Die Polizei alarmiert der nicht. Der hat ein viel zu schlechtes Gewissen.«
»Wieso – ist es neuerdings verboten, seine Tochter zu prügeln?«
Bennie wollte die beiden loswerden. Aber er schaffte es

nicht. Als er in Susannes Gesicht sah, spürte er den Schmerz ihrer aufgesprungenen Lippen auf seiner Haut. Vielleicht ist es das, was mich fertigmacht, dachte er. Daß ich ständig das Elend anderer Leute empfinde, als wäre es mein eigenes. Es machte ihn entsetzlich verwundbar. Ja, fast lebensunfähig. Vielleicht hatte er sich deshalb nie um die großen politischen Zusammenhänge in der Welt gekümmert. Worüber andere in Ruhe am Biertisch schwätzen konnten, das nahm ihn furchtbar mit. Die Bedrohung durch Atomraketen. Lokale Kriege, deren Sinnlosigkeit durch die Distanz, die er zu ihnen hatte, noch größer wurde. Das Wissen um Folter in der Welt und den Hunger wollte er meiden, indem er sich beim Lesen der Zeitungen auf den Sportteil beschränkte, den Raum verließ, wenn Nachrichten liefen und Problemfilme im Kino tunlichst vermied.

Jetzt ärgerte er sich wegen seiner Uninformiertheit. Eine Botschaft an die Welt hatte Martin Wildmüller ihm abverlangt. Zweifellos wäre so eine Botschaft über alle Sender gegangen. In allen Erdteilen ausgestrahlt worden. Doch er, Benjamin Wagner, der die Welt in Atem hielt, war nicht in der Lage, so eine Botschaft zu formulieren. Nicht einmal einen Forderungskatalog kriegte er zusammen. Ohne Martin Wildmüller wäre er schon längst hoffnungslos gescheitert.

Wenn die wüßten, wie blöd ich in Wirklichkeit bin . . .

Und jetzt noch die beiden Frauen. Er hatte sich die Verantwortung für Hunderttausende aufgebürdet. – Er wußte nicht, wieviele Menschen es wirklich waren, um deren Existenz er kämpfte. Nie würde er die Chance bekommen, sie alle kennenzulernen. Ein Leben war zu kurz dafür. Warum, dachte er, habe ich Angst, auch noch für diese beiden Frauen die Verantwortung zu übernehmen?

Diesmal fiel ihm die Antwort leicht: Sie waren ihm zu nah. Ihnen konnte er nicht aus der Ferne helfen. Nicht mit einer spektakulären Aktion, nicht mit einem Telefonanruf. Hier wurde die Hilfe alltäglich. Körperlich. Zu nah.

Die vom Hungertod Bedrohten in Obertoga sahen ihn nicht, wenn er nachts zitterte und fror. Wußten nichts von seiner Angst. Hielten ihn für einen Helden. Einen Befreier. Sie konnten nicht überprüfen, wie er wirklich war. Aber diese beiden hier – Mutter und Tochter, in diesem kaputten Haus, sie erwarteten einen Entschluß von ihm. Er mußte die Sache in die Hand nehmen. Das war seine Rolle. Ausreden gab es nicht. Sie hatten viel für ihn riskiert. Er war für den Ärger, den sie hatten, verantwortlich. Nicht für den Hunger in der Welt. Sondern ganz konkret für Susannes aufgesprungene Lippen und ihr geschwollenes Gesicht.

»Hier im Haus zu bleiben, ist dummes Zeug«, sagte er schließlich.

»Wir haben die Tür verrammelt. So bald kommt er nicht raus. Und er findet uns hier nicht. Er weiß nicht, daß wir . . .«

»Die Tür wird er aufbrechen, die Möbel zur Seite schieben, und wenn er es nicht tut, dann machen es andere Leute für ihn. Er braucht nur ein bißchen Lärm zu veranstalten, und man wird ihm helfen.«

»Hast du eine bessere Idee?« fragte Susanne.

»Ja. Wir gehen zurück. Der Gasthof muß ganz normal weiterlaufen. Ihr könnt das auch ohne ihn.«

»Ja und er? Willst du ihn etwa . . .«

Er erschrak. Sie trauten ihm einen Mord zu. Sie glaubten tatsächlich beide, er könnte den besoffenen Alten umbringen und im Wald verscharren. Das Bild, das sie von mir haben, stimmt nicht, dachte er. Es hat nichts mit mir zu tun. Und trotzdem schaffte er es nicht, aus der ihm zugedachten Rolle herauszuspringen. »Wir müssen Zeit gewinnen. Wir dürfen nicht auffallen. Erst muß die Sache mit Obertoga erledigt sein. So lange müssen wir ihn ruhig halten. Ihr führt den Laden ganz normal weiter, und wir . . .«

»O nein, mein Lieber. Und was machen wir, wenn er sich befreit? Der bringt uns um, wenn er uns noch einmal in die Finger bekommt! Du kennst ihn nicht!« keifte die Mutter mit so schriller Stimme, daß Bennie sich am liebsten die Ohren zugehalten hätte.

»Ich komme mit. Ich verstecke mich bei euch oben im Haus und paß auf. Wenn er sich befreit, kriegt er eins auf den Deckel.«

»Ja, Mutter. Laß uns darauf eingehen. Wenn er da ist, habe ich keine Angst vor dem Alten. Wir werden allen Leuten sagen, daß er krank ist oder Tante Elli besucht . . .«

Bennie drehte das Fernsehgerät lauter. Zwischen ihm und den Frauen hing plötzlich ein meterdicker Vorhang. Er hörte sie nicht mehr. Er nahm nur noch die Stimme aus dem Fernseher war.

»De Facto läuft das darauf hinaus, daß sämtliche Forderungen von Benjamin Wagner erfüllt werden. Zwar gibt niemand im Regierungslager das offen zu, doch man kann die Liste der geforderten Hilfsgüter abhaken. Alles ist auf den Weg gebracht. Diese freiwillige Hilfsaktion der Bundesrepublik Deutschland für ein hungerleidendes Land der dritten Welt ist beispielhaft in der Geschichte. Schon werden Forderungen laut, die weit über Benjamin Wagners Erpressung hinausgehen. Schließlich kann es nicht nur darum gehen, die Menschen jetzt aus schlimmster Not zu retten. Irgendwie muß es danach weitergehen. Sonst ist die nächste Hungerkatastrophe bereits vorprogrammiert. In Obertoga muß die Infrastruktur verbessert werden. Verbessert werden müssen die Bewässerungsanlagen, Saatgut muß angeschafft werden. Zwar streiten sich die Experten noch darüber, ob Obertoga überhaupt zum Selbstversorger werden kann, da bieten sich bereits kirchliche und private Institutionen an, als Partner in Obertoga Entwicklungsprojekte zu verwirklichen, die sie schon seit Jahren geplant haben oder die zum Teil schon laufen. Oftmals liegen diese Pläne mangels Unterstützung seit langem auf Eis, oft auch . . .«

»He, willst du jetzt fernsehen?«

Ihre überschnappende Stimme hätte er vielleicht noch ertragen, aber daß sie das Fernsehgerät leiser drehte, machte ihn zornig. »Tun Sie das nie wieder!« brüllte Bennie.

Als sei sie plötzlich aus einem Traum erwacht, stand die Mutter mitten im Raum und hauchte mehr zu sich selbst als für die Ohren der anderen bestimmt: »Was mache ich hier eigentlich? Warum tue ich das?«

40

Seine Schulter schmerzte. Nur im Film rannten Männer Türen ein, ohne sich dabei die Frisur durcheinanderzubringen. In seiner Schulter war schon beim ersten Aufprall etwas zersplittert wie trockenes Holz. Er atmete flach, dann ging es. Sobald er die Luft tiefer in die Lungen saugte, war es wie ein Messer. Er hatte eine Stellung auf dem Sofa gefunden, in der er es einigermaßen aushielt, solange er sich nicht bewegte. Er brauchte einen Arzt und gehörte ins Krankenhaus. Damit konnte er leben. Was ihn zur Verzweiflung trieb, war die Entfernung zur Theke. Zum Zapfhahn. Zur geöffneten Flasche. Er brauchte jetzt dringend einen Schluck. Die Kornflasche war zwar nicht an der Wand zersplittert, aber auf dem Boden ausgelaufen. Wenn er Angst bekam oder sich aufregte, dann half ihm nur ein großes Glas Korn. Und seit Jahren hatte er sich nicht mehr so gestreßt, nervös und ängstlich gefühlt. Seine Zunge wurde immer dicker. Die sandige Trockenheit im Mund verbrannte geradezu den Hals. Ein Wasserglas voll kühlendem, klaren Schnaps würde ausreichen, um ihn wieder auf die Beine zu bringen. Dann konnten sie alle etwas erleben. Dann würde er ihnen zeigen, wo es langging. Weder die gebrochene Schulter noch die verrammelte Tür wären dann ein Hindernis für ihn. Die sollten ihn kennenlernen! Aber die Kornflasche war leer.

Obwohl ihm das Aufstehen Schmerzen bereitete und obwohl er wußte, daß er im Kleiderschrank keinen Alkohol finden würde, öffnete er ihn, warf alle Sachen von den Bügeln und aus den Fächern und trat dann wütend in die Stoffberge.

41

Bennie hatte mit viel mehr Widerstand gerechnet. Die Frauen blieben unten. Susanne in der Küche und die Mutter hinter der Theke. Es durfte nicht viel Krach gemacht werden. Er haßte den Gedanken, einen Mann zu fesseln und zu knebeln. Er hatte einfach die erstbeste Flasche aus dem Regal genommen. Er stellte sie vor den staunenden Mann auf den Tisch und sagte: »Austrinken.« Bennie hielt eine Hand in der Hosentasche und mit dem steifen Daumen imitierte er den Lauf einer Waffe, die auf Susannes Vater gerichtet war. Was er tun sollte, wenn der Alte nicht auf den Trick hereinfallen würde, wußte er nicht. Der Mann sah stark aus. Bennie wollte nicht gegen ihn kämpfen. Und auch gegen sonst niemanden.
Ungläubig starrten die schmerzerfüllten Augen Bennie an. Er konnte es nicht glauben. Dieser Junge da war seine Rettung. Wenn es einen Herrn im Himmel gab, dann hatte er ihn geschickt. Noch einmal wuchtete der Mann sich hoch, griff nach Bennie, der sofort in Abwehrhaltung ging, beide Fäuste zum Kampf bereit vors Gesicht gehoben. Aber der verletzte Mann umarmte ihn nur. Versuchte, einen flüchtigen Kuß auf seine Stirn zu drücken. Das scheiterte an Bennies Abwehr. Der Vater ergriff mit seiner gesunden Hand die Flasche. Bemühte sich, sie zu öffnen. Schaffte es aber nicht, weil der andere Arm schlapp herunterhing und sich nicht mehr bewegen ließ. Bennie wollte ihm helfen, aber er benutzte seine Zähne als Ersatzhand. Die offene Flasche setzte er an die Lippen und schloß genüßlich die Augen, als er den Schnaps durch seinen Hals gluckern ließ. Zwischendurch hustete er mehrfach, schnappte nach Luft, verschluckte sich, Alkohol rann aus seinen Mundwinkeln, an seinem Hals her-

unter ins offene Hemd, und als ein Hustenkrampf ihn schüttelte, spuckte er ein paar Schluck in den Raum, aber dann trank er brav weiter, und Bennie brauchte keine Gewalt anzudrohen oder anzuwenden. Als nur noch knapp zwei Zentimeter Aquavit den Boden der Flasche bedeckten, hatte Susannes Vater genug. Schwer atmend ließ er sich aufs Sofa zurücksinken.

»Austrinken!« befahl Bennie. »Alles.«

Jetzt begriff der Alkoholiker erst, daß Bennie keineswegs der rettende Engel war, sondern ein großes Eigeninteresse daran hatte, ihn auszuschalten. Er schüttelte den Kopf. »O nein, mir reicht's.«

»Austrinken!«

Unten brutzelte jemand Fleisch. Er konnte es genau riechen. Sie waren also zurückgekommen, die beiden Biester. Noch machte der Alkohol seine Knie nicht weich. Aber er kannte sich aus. Im Laufe der nächsten zehn Minuten würde er volltrunken einschlafen. Bis dahin mußte er sie erwischt haben. Sie sollten ihrer Lektion nicht entgehen. Er wollte sie ordentlich durchwalken und sich dann schlafenlegen. Außerdem mußte er den Schnaps mit einem Bier verdünnen. Ja, so ein frisch gezapftes Bier wäre jetzt genau das Richtige für ihn.

»Austrinken!«

Er mußte an diesem Jungen vorbei. Er versuchte es mit einem Scherz: »Nicht doch! Wenn ich noch mehr trinke, habe ich morgen einen Kater!«

Er brachte Bennie tatsächlich damit zum Grinsen. Bennie glaubte schon, den Mann ausgeschaltet zu haben. Er nahm ihn nicht mehr so ernst, wie es nötig gewesen wäre. Als er mit der Flasche nach Bennie schlug, erwischte er ihn unvorbereitet. Sie donnerte gegen Bennies linkes Ohr. Vor Schmerz jaulte Bennie auf, preßte seine Hand gegen

das verletzte Ohr. Mit der anderen Hand schlug er blind nach seinem Gegner. Der Schmerz trieb Bennie Tränen in die Augen. Er sah nichts mehr. Schon war Susannes Vater an ihm vorbei. Er wollte die Treppen runter, rein in den Schankraum. Er wußte, wie gefährlich diese schmalen Treppen für einen Betrunkenen waren. Mit seiner gesunden Hand hielt er sich am Treppengeländer fest. Langsam, bedächtig schritt er hinunter. Wartet! Wartet nur! hallte es in seinem Kopf. Gleich hab ich euch.
Außer sich vor Wut, Haß und Verzweiflung, schleuderte Bennie einen Stuhl hinter ihm her. Er brachte damit Susannes Vater zu Fall. Aber mit dem Glück von Kindern, Katzen und Betrunkenen kollerte er fast unbeschadet die Treppe hinunter. Dort unten blieb er liegen. Sein Körper zuckte nur noch einmal. Dann blieb er reglos liegen. Schwer atmend setzte Bennie sich auf die Treppe und konzentrierte sich auf die nächsten Schritte, die notwendig waren, um aus der Geschichte heil wieder herauszukommen. Er schwamm auf einer Nußschale, sah um sich herum riesige Haifischflossen, ein Sturm peitschte meterhohe Wellen heran, doch er glaubte immer noch, die rettende Insel erreichen zu können.
Als Susanne in den Flur trat und ihren Vater am Boden liegen sah, dachte sie, er hätte sich das Genick gebrochen. Erst als sie näherkam, erkannte sie, daß er eingeschlafen war.
»Ich hab dir zwei Koteletts in die Pfanne gehauen. Sie sind gleich fertig.«
Bennie nickte zufrieden, als sei es eine Selbstverständlichkeit, stieg dann die Treppe hinunter, packte den schlafenden Vater an den Füßen und zog ihn rückwärts gehend wie einen zwei Zentner schweren Sack Kartoffeln zum Keller.

Susanne befürchtete, er könnte ihn einfach die Kellertreppe runterschmeißen, und das wollte sie nicht. So sehr haßte sie ihren Vater nicht. Schnell war sie bei den beiden und faßte mit an, um den Vater unverletzt im Nebenzimmer auf die Couch zu legen.

»Er wird eine Weile schlafen«, sagte Bennie. »Er hat eine ganze Flasche Schnaps intus.« Trotzdem schloß Susanne vorsichtshalber ab und steckte den Schlüssel in die Tasche.

Inzwischen verkokelten die Koteletts. Im Schankraum lief die ganze Zeit das Fernsehen. Susannes kleines, tragbares Gerät stand wieder in ihrem Zimmer und wurde auch dort nicht ausgeschaltet. Bennie durfte sich im Schankraum nicht sehen lassen. Doch als sich jetzt der Staatspräsident von Obertoga zu Wort meldete, zischte Mutter: »Bennie schnell! Der Präsident redet zu dir!«

Bennie und Susanne kamen gleichzeitig im Schankraum an. Das Bild des Staatspräsidenten von Obertoga war eingeblendet. Sie sahen ihn zum ersten Mal. Die Person war ihnen völlig unbekannt.

Wie leicht man mich reinlegen könnte, dachte Bennie. Ich weiß nicht einmal, wie er aussieht, geschweige denn, wie er heißt. Auch die Regierungsform von Obertoga kenne ich nicht. Ich muß mich schon auf Martin Wildmüller verlassen. Wenn der ein falsches Spiel spielt und da einfach einen Schwarzen vor die Kamera gezogen hat, der mich jetzt bittet, die Aktion abzublasen, bin ich der Gelackmeierte.

> »... Real ausgedrückt war der Rückgang übermäßig groß. Es führte dazu, daß die Kaffeepreise schon Mitte 1981 auf dem Stand der sechziger Jahre und sogar unter den Stand von vor zwanzig Jahren absanken.

Für das dringend benötigte Erdöl und chemische Produkte aber mußten wir inzwischen den dreifachen Preis bezahlen. Infolge der ungünstigen Marktlage wurden die Weltmarktpreise für Jute auf etwas über 290 US-Dollar festgelegt. Das entspricht etwa einem Drittel des Standes von vor zwanzig Jahren. Um die Exporterlöse zu halten, war es also notwendig, daß das Doppelte und mehr produziert wurde. Für eine Intensivierung der Wirtschaft aber brauchten wir zusätzliche Traktoren, Maschinen und natürlich Energie.«

Susanne nahm Bennies Hand und drückte sie, um sich zu vergewissern, daß er wirklich bei ihr stand und nicht alles nur ein Traum war.

»Mit chemischer Düngung wurde der Boden ausgelaugt. Die Ernten steigerten sich nicht, sondern gingen sogar zurück. Wir mußten immer größere landwirtschaftliche Nutzflächen für den Kaffeeanbau zur Verfügung stellen. Die Ausplünderung unseres Landes ging dadurch immer rasanter vor sich. Für neue Kredite machte man uns schlimme Auflagen. Um die Schulden bezahlen zu können, verlangte man von uns Viehzucht für den europäischen Markt. Da die Weideflächen unseres Landes nicht ausreichten, wurden große Teile des Urwalds gerodet. Die Überweidung unserer Landschaft begann, um die Rinderherden ernähren zu können. Immer weniger Nutzfläche blieb für den eigenen Anbau. Wir brauchten alles für den

Export und . . .«

Der Staatspräsident von Obertoga war simultan übersetzt worden. Nun unterbrach Martin Wildmüller ihn und redete mit geradezu unglaublicher Geschwindigkeit. Seine Wangen waren gerötet. Vermutlich von der Sonne verbrannt. Unter seinen Augen wiesen tiefe Ringe darauf hin, daß er überarbeitet und übernächtigt war. Eine ungewohnte Nervosität flackerte in seinen Augen.

»Meine Damen und Herren, lieber Bennie, ich bin jetzt seit mehr als vierundzwanzig Stunden hier und habe noch kein Auge zugemacht. Die dramatischen Ereignisse haben weder mich noch das Kamerateam schlafen lassen. Inzwischen landet alle dreißig Minuten eine Maschine mit Hilfsgütern auf dem Flughafen und einer Notpiste kurz vor der Hauptstadt. Das größte Problem besteht im Moment darin, die Menschen von der Rollbahn wegzuhalten. Eine Polizei- und Militärkette wurde um den Flughafen gebildet, um plündernde Menschen abzuhalten.«

Susanne drückte Bennies Hand so fest, daß sie schmerzte. Aber Bennie blieb still und starrte den Bildschirm an.

»Es handelt sich hierbei keineswegs um Kriminelle. Die Not der Menschen ist so offensichtlich so himmelschreiend, daß ich alles, was sie tun, verstehen kann.«

Die Mutter nickte, als bestätige Martin Wildmüller nur, was sie schon lange befürchtet hatte.

»Vom Flughafen aus versucht man, dringend benötigte Hilfsmittel auch in die Bergregionen zu bringen und zu den Hungerkolonnen, die sich auf die Hauptstadt zubewegen.

Um einen weiteren Zustrom auf die Hauptstadt zu verhindern, werden Nahrungsmittel über den Dörfern abgeworfen. Dringendst werden Hubschrauber gebraucht, um die Nahrungsmittel überallhin zu bringen. Mehr Menschen kann die Hauptstadt nicht aufnehmen! Wie der Präsident von Obertoga mir versicherte, würden schon fünfzehn oder zwanzig Hubschrauber ausreichen, um die Bergdörfer zu versorgen. Aber weder die Maschinen stehen zur Verfügung, noch gibt es Treibstoff. Unser Team hat sich von hier aus bemüht, den amerikanischen Flugzeugträgerkommandanten vor der Küste dazu zu bewegen, uns zu helfen. Bisher haben wir aber vom Flugzeugträger noch keine Antwort. Auch ist noch gar nicht klar, ob der Landung amerikanischer Piloten auf dem Territorium von Obertoga überhaupt zugestimmt werden würde. Das Grauen in den Straßen läßt sich nicht in Worte fassen. Wir haben einige Schnittbilder für Sie vorbereitet, um deutlich zu machen, worum es wirklich geht.«

Susanne konnte schon nach dem zweiten Bild nicht mehr hinschauen. Die aufgerissenen Münder, die zum Skelett abgemagerten Menschen mit den aufgequollenen Bäuchen, die ausgemergelten Gesichter, die Augen und Zähne überdimensional groß erscheinen ließen, wollte sie nicht mit ansehen.

Bennie zwang sich, genau hinzusehen. Über den Bildern lag Martin Wildmüllers Stimme.

»Wir haben all das gesehen. Wir haben begriffen, daß es nicht weitergehen kann wie bisher. Wir können in Europa nicht so leben, als würde hier nichts passieren. Ein paar Spenden und ein paar Hilfswerke tun es nicht. Soweit zumindest hat Benjamin Wagner recht. Es bleibt jedem unbenommen, sein altes Leben weiterzuführen. Aber ich will das nicht mehr. Das habe ich hier begriffen.«

Jetzt ließ Susanne Bennies Hand los. Sie umarmte ihn. »O Bennie . . .«

Aber er schüttelte sie ab, ohne den Blick vom Fernseher zu nehmen. Martin Wildmüller sprach zu ihm. Und jedes Wort war wichtig.

»Wir können uns hier im Land bisher frei bewegen, und nachdem wir all dies Elend gesehen haben, sind wir auf die großen, fruchtbaren Weidegebiete gekommen. Was ich dort gesehen habe, hat mich erst recht schockiert. Nicht weit von hier, keine dreißig Kilometer von der Hauptstadt entfernt, grasen gutgenährte Rinderherden. Bestimmt für den Export nach Europa. Nicht weit von den Rinderherden entfernt wachsen Tomaten. Tomaten, die zu Ketchup verarbeitet werden. Ketchup für Europa! Vielleicht reicht mein Verstand als einfacher Oberschüler nicht aus, um das nachzuvollziehen. Deswegen bin ich beim Staatspräsident von Obertoga. Ich habe ihn gebeten, das den Menschen zu erklären.«

Der Staatspräsident wirkte in sich gekehrt. Er lauschte noch der Übersetzung. Dann sprach er.

»1960 konnten wir mit dem Verkauf von einer Tonne Kaffee 37,3 Tonnen Düngemittel kaufen. 1982 ergab eine Tonne Kaffe nur noch 15,8 Tonnen Düngemittel. 1959 konnte man mit den Einnahmen aus sechs Tonnen Jutefasern einen Lkw, einen Sieben- oder Achttonner, bezahlen. Ende 1982 mußten wir für die gleichen Lkw-Modelle 26 Tonnen Jute abgeben. Entgegen der verbreiteten Mythen von der Preisbildung auf dem freien Markt üben praktisch eine Handvoll Spekulanten und Großunternehmen, die mit mehreren Grundstoffen handeln, einen mächtigen und alles durchdringenden Einfluß auf die kurzfristigen Preisbewegungen aus. Wir müssen von der Tatsache ausgehen, daß sich die transnationalen Konzerne bei der Vermarktung der meisten Grundstoffe 80 bis 90 Prozent des Einzelhandelspreises aneignen. So erscheint das Problem der Verschlechterung der Austauschbeziehungen in einem neuen Licht.«

Mutter zog sich einen Stuhl heran und setzte sich. Sie atmete schwer aus.

»Wir bekommen für unsere Produkte immer weniger Geld. Längst entscheiden wir nicht mehr, was wir anbauen und was nicht. Längst geht es nicht mehr darum, die eigene Bevölkerung zu ernähren, sondern wir müssen den grausamen Gesetzen des Weltmarktes gehorchen. Wir sind einem Diktat unterworfen, das langfristig zur Ausrottung unserer Bevölkerung führen wird.«

Der Ton blieb erhalten, aber das Bild wurde wacklig.

Verschwommen. Der Kopf des Präsidenten zog sich in die Länge. Seine Nase wuchs riesenhaft an. Susanne rannte zum Fernseher, aber noch bevor sie ihn berührte, stabilisierte sich das Bild wieder.

»Ich habe in London und Bonn studiert. Ich weiß, wie sehr die Menschen in Europa ihre Haustiere lieben und verwöhnen. Ich weiß, daß sie nicht an Hunger leiden. Es ist schrecklich paradox. Obwohl für alle ausreichend Nahrungsmittel auf der Welt zur Verfügung stehen, leiden mehr als fünfhundert Millionen Menschen an Hunger und müssen sterben, weil sie zu arm sind, um sich Lebensmittel zu kaufen, die ja eigentlich vorhanden sind. In einigen Ländern werden Berge von überflüssigen Lebensmitteln angehäuft, während anderswo Hunger und Armut herrschen. Späteren Geschichtsschreibern wird es ohne Zweifel rätselhaft bleiben, wie die Welt das mitansehen konnte.«

»Wird sich etwas ändern, Herr Präsident? Glauben Sie, daß ...« mischte sich Martin Wildmüller ein.

Obwohl die Übersetzung noch nicht bei ihm angekommen sein konnte, antwortete der Präsident direkt:

»Die FAO – die Ernährungs- und Landwirtschaftsorganisation – schätzt, daß in weiteren zehn Jahren 150 Millionen Menschen hinzukommen werden, die an Hunger und Unterernährung sterben. Die Weltbank rechnet sogar damit, daß sich die Zahl bis zum Ende des Jahres 2000 auf 1,3 Milliarden Hungernde erhöhen wird. Es wird dann doppelt so viele Hungernde geben wie heute, obwohl bis zum Jahre 2000 nach Schätzungen von UNICEF bereits mehrere 100 Millionen Menschen in den unterentwickelten Ländern verhungert sein werden. Das alles wird in den nächsten zwölf oder dreizehn Jahren passieren.«

»Aber Herr Präsident – Benjamin Wagner hat mit seiner Entscheidung der Welt einen Schock versetzt. Er hat uns alle mit der Frage konfrontiert: Ist ein Menschenleben bei uns mehr wert als ein Menschenleben im unterentwickelten Teil dieser Welt?«

»Ja, ich bin froh, daß Sie es ansprechen. Im Augenblick werden einige Menschen bei uns gerettet. Weil Ihre Regierung befürchtet, daß sonst Ihre eigenen Leute sterben werden. Sterben an dem Gift, daß Benschamin Wagner Ihnen gestohlen hat. Man rettet unsere Leute nicht aus Menschlichkeit.«

Wieder verschwamm das Bild. Die Stimme des Präsidenten bekam einen hellen Micky-Maus-Ton.

»Man rettet sie aus Angst vor dem eigenen Tod. Aber mit den Lieferungen von Medikamenten und Nahrung ist uns nur kurzfristig geholfen. Vielleicht wird es ausreichen, um einige Leute noch eine Woche oder zwei am Leben zu erhalten. Danach wird der Hunger weitergehen, ja, er wird sich sogar verschärfen. Was wir brauchen, wenn wir überleben wollen, sind völlig neue Beziehungen der Staaten untereinander. Völlig neue Regelungen des Warenaustausches.«

Fast außer Atem vor Erregung fuhr Martin Wildmüller dazwischen und wieder antwortete der Präsident, ohne auf die Übersetzung zu warten.

»Warum, Herr Präsident, lassen Sie nicht die Rinder auf den Weiden da draußen schlachten und verteilen das Fleisch an die Bevölkerung?«

»Sie gehören uns nicht. Sie waren verkauft, bevor sie geboren wurden. Sie grasen hier nur, weil die großen Rasenflächen in Europa fehlen.«

»Herr Präsident, unsere Sendezeit ist gleich um, ich möchte noch der . . .«

Der Präsident ließ Martin Wildmüller nicht weiterreden, zog das Mikrophon an sich heran und sprach in recht reinem Deutsch, wenn auch mit brüchiger Stimme:

»Lieber Benschamin Wagner, wir wissen, was du für uns getan hast. Wir sind dir dankbar.«

»Hörst du?« rief Susanne.

»Natürlich wird man dich für deine Tat in deinem Land bestrafen. Ich weiß, es gibt nicht die Todesstrafe in der Bundesrepublik. Aber trotzdem, sie werden dich hart verurteilen. Ich weiß auch, daß es in deinem Land viele gute Menschen gibt. Es gibt bei euch schon die Forderung: Freies Geleit für Benschamin Wagner. Wenn sie dich gehen lassen, Benschamin, dann kannst du herkommen. Du weißt, dies ist ein armes Land. Aber du kannst hier kommen und mit uns leben. Mit uns gegen den Hunger kämpfen. Ich verleihe dir im Namen unseres Volkes die

Ehrenstaatsbürgerschaft. Und unsere Universität verleiht dir den Ehrendoktortitel – sagt man so?«

Susanne riß die Arme vor Freude hoch.

Martin Wildmüller erschien im Bild, wollte noch etwas sagen, wurde aber abgeschnitten.

Sie blendeten zum Nachrichtensprecher über. Er ordnete hektisch die Papiere vor sich, hatte nicht damit gerechnet, so schnell wieder auf Sendung zu kommen. Er mußte all seine Kraft aufbringen, sich einen Kommentar zum eben Gehörten zu verkneifen.

»Ein Ehrendoktortitel für mich. Um ein Haar wäre ich zur Hilfsschule gekommen. Mein Gott, was ist nur geschehen?«

»Du hast die Welt durcheinandergebracht, Bennie.«

Bennie schüttelte den Kopf. »Nein, sie ist durcheinander. Jetzt sehe ich es erst wirklich.«

»Was wirst du tun?«

»Ich weiß es nicht.«

Die Mutter hielt sich am Türrahmen fest. Sie hatte die Fernsehsendung im Sitzen verfolgt. Langsam ging sie auf Bennie zu und sagte: »Hör nicht auf, Bennie.«

»Wie?«

»Hör nicht auf. Mach weiter. Verlang noch mehr von ihnen.«

»Ja aber . . .«

»Zwing sie, Bennie, diese lange offene Rechnung zu begleichen.«

Bennie schüttelte den Kopf. »Ich kann nicht mehr. Ich bin da nicht der Typ zu. Ich bin nicht der Held, für den ihr mich haltet.«

»Aber was du getan hast, war doch . . .«

»Ich hab's getan, weil mir nichts Klügeres einfiel. Ich

hatte keinen Plan und erst recht keine Überzeugung. Ich wollte nur ein bißchen auf der Autobahn rumfahren. Wollte mal das Gefühl haben, frei zu sein. Wenn mich vorher ein Auto mitgenommen hätte, wäre das alles nicht passiert. Wenn ich nicht zufällig die Fässer an Bord gehabt hätte, auch nicht. Wildmüller hat die Sache großgemacht, nicht ich.«
»Mach dich nicht kleiner, als du bist.«
Susanne nahm seine Hand, aber Bennie entzog sie ihr.
»Stimmt das mit dem freien Geleit?«
»Es gab überall Demonstrationen, auf denen das gefordert wurde. Außerdem haben ein paar Künstler eine Aktion gestartet.«
»Was für eine Aktion?«
»Nun, sie fordern freies Geleit für dich. Willst du etwa . . .«
»Was soll ich sonst tun? Er hat es mir doch angeboten. Nach Obertoga werde ich gehen.«
Unausgesprochen hing der Satz im Raum.
»Wirst du mich mitnehmen, Bennie?«
Aus Angst vor einer Antwort schwieg Susanne. Ihrer Mutter war es klar. Sie formulierte es für ihre Tochter.
»Laß uns gemeinsam gehen. Wir haben hier nichts mehr verloren. Es ist alles kaputt. Alles.«
Bennie stand am Fenster und begann, ohne zu wissen warum, zu weinen.
»Verlang die Hubschrauber von ihnen, Bennie. Ruf an. Ruf in Bonn an und befiehl ihnen, die benötigten Hubschrauber nach Obertoga zu fliegen. Wir setzen uns in die Botschaft ab.«
»Mutter, meinst du wirklich? Wir sollten . . .«
»Kennst du einen anderen Ausweg?«
»Nein.«

»Ich habe zum ersten Mal in meinem Leben das Gefühl, etwas Sinnvolles zu tun«, sagte Mutter und zerrte Benjamin zum Telefon.

42

Der Triumpf, recht gehabt zu haben, mischte sich mit den angstvollen Vorstellungen, welche Konsequenzen das alles haben konnte. Riegel stand vor dem gestohlenen Lkw. Sechs Fässer befanden sich noch darauf. Den Rest hatte Bennie versteckt.

Du bist cleverer als wir dachten, Benjamin Wagner. Du bist sogar verdammt schlau. Du denkst, wenn sie dich kriegen, müssen sie dich wieder laufen lassen, weil du ihnen sonst nicht sagst, wo die Fässer sind. Aber dazu wird es gar nicht kommen, Junge. Die Leute, die dich jagen, sind keine Polizisten. Die führen dich zu keiner Vernehmung. Das ist ein Exekutionskommando. Es ist nur logisch, daß sie dich umlegen. Sie stehen mit dem Rücken zu Wand. Vielleicht würde ich an ihrer Stelle genauso handeln. Aber ich bin nicht mehr an ihrer Stelle. Ich kann mir jetzt eine Moral leisten. Wenn auffliegt, was ich hier tue, ist meine Pensionsberechtigung hin. Aber dafür genieße ich jetzt den Luxus einer eigenen Moral.

Hier irgendwo mußte Bennie stecken. Vielleicht beobachtete er Riegel schon. Riegel rief laut: »Benjamin Wagner! Wenn du hier bist, komm raus! Mein Name ist Riegel. Sie haben mich losgeschickt, um dich zu jagen! Aber ich will nicht gegen dich kämpfen!« Er zog seine Dienstwaffe, hielt sie hoch in die Luft und fuhr fort: »Hier ist meine Dienstwaffe! Du kannst sie haben, wenn du willst! Ich werde nicht auf dich schießen! Ich stehe auf deiner Seite. Sie wissen, wo du steckst! Sie sind schon dabei, das Gebiet einzukreisen! Sie wollen dich töten! Vielleicht haben wir gemeinsam eine Chance! Komm raus! Ich weiß einen Weg! Es gibt eine Möglichkeit! Sei nicht dumm! Du mußt mir vertrauen! Du hast keine andere Wahl!«

Durch die Ritzen zwischen den morschen Brettern konnte Riegel nach draußen sehen wie durch ein Sieb. Er sah die Männer in den Tarnanzügen noch nicht. Doch er wußte: Sie waren da! Sie hatten das Haus bereits umzingelt. Sie kannten den Reifenabdruck des gestohlenen Lkws genau. Vermutlich waren sie mit Gipsabdrücken davon hier aufgetaucht. Sie wußten hundertprozentig, was die Spuren zu bedeuten hatten. Riegel kannte die Punkte, auf denen Scharfschützen in Stellung gingen. Wie oft hatte er solche Einsätze geleitet ... Er wußte genau, was ablief. Oben auf der Eiche am Kamm des Hügels. Dort hockte garantiert einer. Und da – der Hochsitz – geradezu wie gebaut für einen Scharfschützen. Riegel lächelte. Er erwischte sich dabei, daß er die Pistole schußbereit hielt. Er sicherte sie und steckte sie ein. Leise bewegte er sich am Bretterzaun entlang. Da draußen warteten neben einem Dutzend Scharfschützen mindestens eine Hundertschaft mit Maschinenpistolen darauf, den Helden spielen zu dürfen. Er konnte sie nicht aufhalten. Wenn Benjamin klug genug gewesen war, die Fässer zu verstecken, hatte er auch seine Flucht vorbereitet. Riegel lauschte nach oben. Er versuchte, in den ausgebrannten Dachstuhl zu kommen, um eine bessere Sicht zu haben. Was auch immer du jetzt tust, Benjamin Wagner – beeile dich, dachte er.

43

»Nein«, sagte Bennie, »so nicht.« Er legte den Hörer wieder auf die Gabel. »Was ich getan habe, läßt sich nicht ewig fortsetzen. Ich werde mich jetzt stellen.«
»Du willst aufgeben?«
»Nein. Ich werde mich stellen. Noch habe ich ein paar Trümpfe in der Hand. Die wissen nicht, wo die Fässer sind. Und wenn sie mir eine Gerichtsverhandlung bereiten, wird die Weltpresse ein Auge darauf werfen. Und der Präsident von Obertoga hat recht. Die Todesstrafe ist abgeschafft.«
Die Lippen im Gesicht der Mutter waren so weiß wie ihre übrige Haut. Selbst der Hund schien ratlos zu sein und lief von einem zum anderen, um Zuneigung bettelnd. »Willst du einfach die Polizei anrufen und dann . . .«
Er zuckte mit den Schultern. »Ja, wie denn sonst? Wie macht man das, wenn man sich stellen will? Ich hab so was noch nie getan.« Er lächelte fast. Wirkte überlegen. Er war kein Verlierer, der zu Kreuze kroch.
Susanne ging zwei Schritte rückwärts. Wollte ihn aus der Entfernung betrachten. Hoffte, nicht ohnmächtig zu werden. Warum, dachte sie, soll er weiterkämpfen. Er hat gesiegt. Er hat längst gewonnen. Die Menschen draußen würden ihn nicht gerade zum Präsidenten wählen. Aber wer ist dafür, ihn einzusperren?
Genau das wollte er ausprobieren. »Wenn ich mich jetzt stelle, ist es meine Entscheidung. Wenn sie mich kriegen, ist es ihre. Verstehst du das? Ich darf die Initiative nicht aus der Hand geben. Ich hab viel gelernt in den letzten Tagen. Wenn man nur einen Moment aufhört, selbst zu denken und zu handeln, tun es die anderen für einen. Und dann schneidet man immer schlechter ab. Wenn ich

mich jetzt stelle, haben sie den Schwarzen Peter.«
Die Mutter drehte sich herum. Gäste kamen in den Schankraum. Sie lief wie auf Watte. Von den Knien an abwärts spürte sie ihre Beine nicht mehr. Ihre Finger waren eiskalt. Wie abgestorben.
»Was darf ich Ihnen bringen?« fragte sie.
»Zwei Bier.«
Sie ging zum Zapfhahn. Von dort aus sah sie die bewaffneten Männer zuerst. Blechhelme mit Sehschlitzen, als sei dies ein Ritterturnier. Durch Tür und Fenster brachen sie gleichzeitig herein. Noch bevor der Scherbenregen der klirrenden Scheiben verhallt war, gellten ihre Rufe: »Hände hoch, Gesicht zur Wand!«
Plötzlich waren sie überall, mit ihren Waffen im Anschlag, bewegten sich wie ferngesteuerte Roboter. Rollten über den Boden, zielten auf leblose Gegenstände und behandelten die beiden fast ohnmächtig erschrockenen Gäste wie Todfeinde. Auch oben klirrten die Fensterscheiben. Susanne riß die Arme hoch, spreizte die Finger und brüllte: »Nicht schießen! Bitte nicht schießen!«
Bennie hielt den Telefonhörer in der Hand als die Salve aus der Maschinenpistole seinen Körper traf.

44

Der zweite Trupp stürmte das Waldhaus. Riegel befand sich in äußerst günstiger Position. Mindestens dreimal wäre er in der Lage gewesen, einen von der Spezialtruppe abzuknallen. Aber er tat es natürlich nicht. Er registierte nur die stümperhafte Arbeit seiner Kollegen. So etwas durfte einfach nicht passieren.

Er entlud seine Waffe, legte die Patronen in zwei Schichten fein säuberlich übereinander auf einen Mauervorsprung und die Waffe daneben. Als sie unten hereinbrachen, rief er: »Ich bin hier oben. Ihr könnt mich holen kommen, ich bin unbewaffnet!«
Christoph Müller, zwanzig Jahre alt und seit achtzehn Monaten auf einen Einsatz wie diesen hier vorbereitet, warf sich mit entsicherter Waffe keine zwei Meter vor Riegel auf den Boden. Er glaubte, Benjamin Wagner vor sich zu haben. Sein Befehl war eindeutig. Christoph Müller feuerte.
Schon Sekunden später wurde dem Einsatzleiter klar, daß Benjamin Wagner sie hereingelegt hatte. Es befanden sich nur sechs Fässer auf dem Lkw. In der Hoffnung, daß Benjamin Wagner noch leben würde, stürmte er nach oben. Sterbende, so hatte er gelernt, sagen in der Stunde ihres Todes gern die Wahrheit. Als er auf dem Dachboden ankam, erkannte er Riegel nicht sofort. Aber er wußte gleich, daß er es nicht mit Benjamin Wagner zu tun hatte. Der Mann war noch nicht tot. Riegel erkannte den Einsatzleiter. Ein sehr angesehener Kollege. Vermutlich bald sein Nachfolger.
»Wissen Sie etwas über die Fässer? Wo sind die Fässer?«
»Das hätten Sie sich früher überlegen müssen.«
»Riegel? Sind Sie Riegel?«
Der verletzte Mann nickte. Der Einsatzleiter ging vor ihm auf die Knie, brachte seinen Kopf nahe an Riegels Lippen.
»Um Himmels willen, Riegel, das wollte ich nicht.«
Ein Funkoffizier, der den Kontakt zur anderen Einheit hielt, stürmte hoch und meldete, der richtige Benjamin Wagner sei im anderen Haus.
»Ist er tot?«
Der Melder nickte.

»Geben Sie eine Meldung ans Innenministerium durch. Bei dem Versuch, Benjamin Wagner zu verhaften, wurde der Einsatzleiter der Sondertruppe, Riegel, einer der gefürchtetsten Terroristenjäger unseres Landes und international anerkannter Fachmann ... ach, lassen Sie das. Melden Sie, der Einsatzleiter Riegel wurde von Benjamin Wagner angeschossen. Daraufhin blieb den Sicherheitskräften nichts anderes übrig, als ... naja, Sie wissen schon, formulieren Sie den Text vernünftig.«

»Nein!« schrie Riegel. »Nein! Um Himmels willen, nein!« Niemand wußte, ob er seinen nahen Tod meinte oder die Lüge, die er eben mit angehört hatte.

Nidderau I den 11.4.1993

Frohe Ostern wünscht dir

lieber Basti

Deine

Steffi

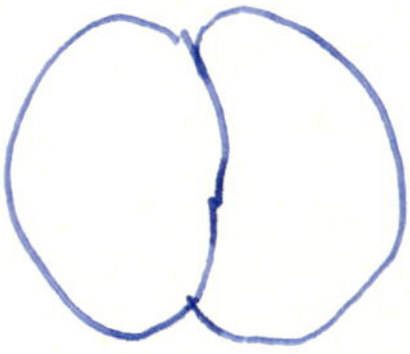

der Arsch

der Welt !!!

Klaus-Peter Wolf
Die Angst der Täter